JN045425

浅草「十和田」
おかみ・富永照子 著

おかみの凄魂

生きづらい世の中を駆けるヒント

TAC出版
TAC PUBLISHING Group

はじめに

凄知恵とは、人を活かす知恵である

真っ直ぐに生きようとしても、人生はままならない。

進んでいくたびに壁にぶち当たる。大きな岩が道を塞いで邪魔をしている。

そういうことって、誰でも経験してると思う。

「勇気、やる気、元気」の三つの「気」が、人生を生き抜くためには必要よ。

だけど、人生には「気」だけでは乗り越えられないことがたくさんある。

正面突破で壁にぶつかっていっても、パンと跳ね返される。力任せに岩をどかそうとしても、ビクともしない。そんな時に活きてくるのが、「知恵」なのよ。

たとえば、壁に小さな穴を開けてみるとか、岩を避けてちょっと回り道してみるとかさ。そうやって知恵を使えばいいの。

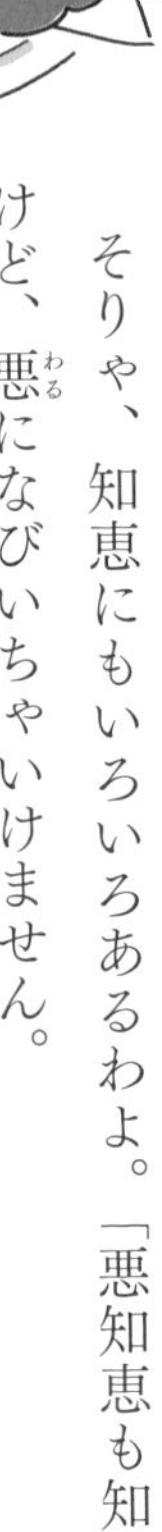

そりゃ、知恵にもいろいろあるわよ。「悪知恵も知恵のうち」とは言うけど、悪(わる)になびいちゃいけません。

もっと気の利いた、人を活かす知恵があるはずよ。ならば、どんな知恵が人を活かすかと考えた時、「凄知恵(すごぢえ)」という言葉にたどり着いた。

「凄知恵」という言葉をよく見てみると、「凄」の字には「女」という文字が入ってるでしょ。「凄」という字から部首(ぶしゅ)のにすいを取ったら「妻」になるでしょ。女は凄い、妻は凄い、奥さんは凄い。だから、「おかみ」の知恵は凄い。「凄い」って言葉は、女のためにあるのよ。

とはいえ、別に私自身は凄くもなんともない、浅草の蕎麦屋のおかみだからね。ただ、私が長いこと商売してきて「肌で覚えた生き方の知恵」ってのは、なかなか捨てたもんじゃないよ。

私は生まれも育ちも浅草。代々商売してきた家に生まれて、嫁いだ先でも、店ののれんを守ってきた。長いこと、町おこしのためにも、浅草おかみさん会を立ち上げて、仲間たちと奮闘してきた。

生きるために、手を替え品を替えて、デコボコ道を進んできた。綺麗事ばかりではなく、自らの信念に沿ってね。結果、怪文書を送られたり、旦那の愛人の面倒まで見たりしてさ。なんだかんだで、人生おもしろいよ。

そんな私だけど、生きていくうえで大切なことは、すべて町から教わり、人から学んだ。数え切れない人たちと関わり、助けられながら。

「凄知恵」には、学校では教えてくれない、前向きに生きるためのヒントが、たっぷり詰まっている。

これまでの人生、そこら中に壁があったし、大きな岩も転がっていた。「女だからって、なめんじゃない!!」って、啖呵切って闘ったりもしてきた。もう、戦の連続。女の戦よ。戦に勝ったこともあれば、それこそ、負けたことなんか数え切れないくらい。でも、勝っても負けても、一つ、また一つと私は生き抜くための知恵、生き方の極意みたいなものを身につけていった。

その集大成が「凄知恵」ってわけなの。

男女平等とは言っても、女の人には生きづらさみたいなものがいっぱいあるよね。

だけど、女がちょいと知恵を使ったら、途端に、生きづらさが生きやすさに変わったりするのよ。人生にはいろんな突破口がある。そのことを知ってほしい。

「おかみの凄知恵」には、試してみるだけの価値があるんだから。

最近じゃコロナが広がったり、ますます息苦しい時代になっている。本当に辛いよね。追い込まれて一人で悩んだりすることだってあるでしょ。

そういうときこそ、「おかみの凄知恵」を活かしてほしい。

人生は山あり谷あり。凄知恵を携(たずさ)えて、一緒に目の前の今を乗り越えていこうよ。

この本を作るにあたって、まず頭をよぎったことがある。皆様のご厚情に感謝するために、今の私にできることは何か。それは、私の言葉をお伝えすること。

ちょっと大袈裟に言うとしたら、言葉で道をつけるってことかな。

生きづらさに悩みを抱えている、道に迷っている、心が弱っている。そんな人たちに、私のモットー「勇気」「やる気」「元気」、三つの「気」を伝えて、励ましたいのよ。

「凄知恵」って言われると、家事とか実用的なものをイメージする人もいるよね。そうよ、そのとおり、この本は生きるための実用書なんだから。

また、この本は女の人たちだけでなく、男の人たちにも是非読んでもらいたい。だって、「おかみの凄知恵」には、男の人が社会で出世していくためのコツが満載だもん。「おかみの凄知恵」を読んだら、どんどん出世できるよ。

それから、この本は最初から読んでも、途中から読んでも、飛ばし読みしても、一向にかまわないからね。一話完結の時代劇ドラマみたいに作ってあるから。

時代が変われば、世の中も、人も、変わる。

だけど、いつの時代になっても変わらないもの、変わってはならないものがあるはず。それが、「義理と人情と心意気」だと、私は信じている。

おかみの凄知恵　目次

第1章

お金は人に使え
～お金の凄知恵

小さいお金は使う。
大きなお金はもらう。
生きたお金の使い方

働くとはどういうことか。
おかみの仕事噺、
理想のリーダー像

第2章 生きるは商い
～かしこく働くための凄知恵

第3章 修羅場道 ～痛い目に遭った時の凄知恵

ピンチをチャンスに変える考え方。
ピンチが自分の人生を養う

4章

人を動かし嵐を呼ぶ

～人づきあいの凄知恵

人づきあいの悩みは尽きない。よりよく生きるおかみ流のコツ集

第5章

旗を立てたら、走り続けろ
～素敵に歳を重ねる凄知恵

女も辛いし、男も辛い。
いい女、いい男に
なるための条件とは

第6章

早く止まり木を見つけなさい
～男と女の凄知恵

第7章

この世に生を享けたかぎり、誰にも人生の「役目」がある

どん底だって仏はいるから

～生きのび方の凄知恵

第一章
お金は
人に使え
お金の凄知恵
小さいお金は使う。
大きなお金はもらう。
生きたお金の使い方

生きたお金はバンバン払おう

お金を儲けようって了見は、捨てるべし

何かにつけ、「一緒にお金儲けしましょう」とか口にする人たちがいるのよね。この手の人たちが言う「儲ける」ってさ、たいていは「楽して金を手に入れる、人を働かせてカスリを取る」って意味でしょ。

儲けるって字を二つに割ってごらんよ。「信者」ってなるじゃない。「信じる者は儲かります」とかなんとか、マルチ商法やネズミ講じゃないんだからさ。もっともらしい御託並べて、相手を信じ込ませて、結局お金だけ吸い上げようって魂胆じゃないの？

「儲ける」って言葉を聞くと、他人をあてにしたり、利用しようっていう感じがする。お金は儲けるものじゃなくて「稼ぐ」もの。自分は動かずに、お金だけ欲しいって了見は卑しいよ。なんたって、**「人が動く」**と書いて**「働く」**なんだし。

訳がわからないことにお金を使う

最近の経営者なんかは、何かと数字にシビアだよね。コストカットで出ていくお金を減らし、入ってくるお金を増やそうと経済効率にこだわる。

確かに、結果は大事だよ。でも、儲けばかり狙ってお金を使っても、お金は少しも生きてこない。意味のないような、なんだか訳のわからないことにお金を使って初めて、お金が生きるのよ。だから私はいつも言うの。

訳がわかったことにお金を使うのが、ビジネス。

訳がわからないことにお金を使うのが、のれん。

やっぱり、**義理人情とか訳のわからないことにお金を使うのが、のれんでしょ。**

店には売れない芸人さんたちがチラシやチケットを持ってくる。皆、お金がない人たちだから少しお小遣いをあげるのよ。そういう人たちが「十和田のおかみはいい人だ」とヨソで言ってくれる。これがのれんじゃない。「あそこはおいしい。浅草で蕎麦を食べるなら十和田だよ」とか言ってくれる。落語家だって、ご祝儀渡すと舞台の上から「今日は帰りに十和田の蕎麦食って帰ろう」とか、漫才師なら笑いのネタにしてくれるでしょ。

でも、別に打算だけじゃないのよ。だって、助けたいじゃない、困ってる人がいたらさ。

義理だとか、人情だとか、そういう訳のわからないことにお金を使う。それが自然とのれんの宣伝になり、のれんが守られていくのよ。

人様にお金を出し慣れておく

やれ、ご祝儀だ、差し入れだ、お中元だ、お歳暮だとか、義理事みたいなことに私はお金をいっぱい使う。知り合いの店の売り上げが少なければ、飲み食いに行ったり、物を買ったりする。お腹を空かせてる子たちがいれば、ご飯をごちそうしたり、小遣いを渡したりもする。そういう細かいお金を私はバンバン使う。「別に使わなくても済むお金じゃないですか」と周りからはよく言われる。だけど、**訳のわからないお金を使ってはじめて、「真ののれんができる」**ってのが、私の信念。

人のためにお金を使っているから、のれんの評判が上がる。のれんが強くなる。そして、一流ののれんができる。もちろん、正直な商売が基本よ。

一見無駄に見えるようなお金の使い方をしていても、後になって大きな財産になって戻ってくるの。それに、私たちのような商人は、普段から人様のためにお金を出し慣れてないと、人様からお金を取れない。ソロバンだけではダメよ。温かい人情（心）がなきゃ。**右手にソロバン、左手に人情**よ。

お金は人に使え

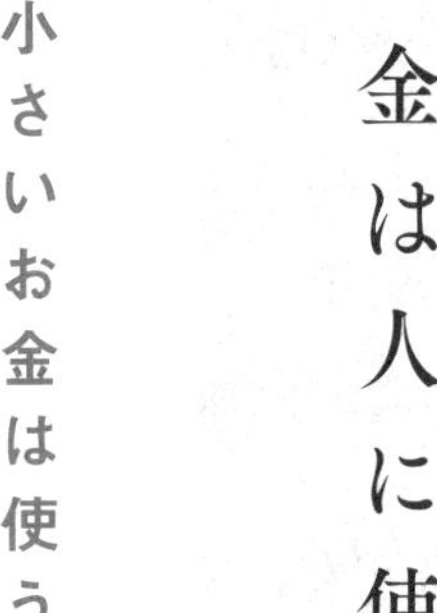

小さいお金は使う。大きなお金はもらう

小さいお金は馬鹿にならない。

本当にお金に困っている時、必要なのは大きなお金よりも小さいお金でしょ。「お金がなくても人は幸福になれます」って言う人もいるけど、**お金がないとまずは不便でしょ**。**不便が積み重なって不幸になる**こともあるよね。だったら、不便を取り除いてあげよう。自分ができる範囲で人に施そう。そういう精神よ。**小さいお金で人の不幸を減らせりゃいいじゃない**。小さいお金を種みたいに撒いていると、やがて大きなお金という花が咲くこともあるのよ。

小さいお金は使う。大きなお金はもらう。

小さいお金には自分のお金を使う。何かコトを起こす時に必要な大きなお金なら、大企業とかスポンサーとか出せるところからもらえばいい。お金持ちはお金を気持ちよく使いたいんだから。

感謝は、寝ても覚めても前払い

お金をもらう前にまず、「ありがとうございます」って言っちゃう。お金をもらってからじゃなくて、もらうよりも先に「ありがとうございます」って言う。そのほうが、相手もいい気分でお金を払えるでしょ。先に感謝の気持ちを表す。施しを受けてから感謝するってのは、順序が逆よ。なんだか意味がわかんなくても「ありがとう」って言われたら、誰だって気分よくなるじゃない。

感謝は前払いにすべし。感謝の前払いは、戻りも大きいよ。

人にものを頼む時は、なんでもおんぶにだっこで、手ぶらじゃまずい

「我々はスポンサー見つけてきました。なので、後はよろしく」っていうのは、頂けないよ。多少なりとも自分がお金出して、みんなで一等賞にならなきゃ。

この前も、イベントやってくれる人たちがスポンサーを連れてきて、ウチの店で大宴会やってくれた。大宴会って言っても、たかが知れてるお金だけどさ。当然向こうは払う気持ちで来てる。でも私は、「細かいお金は使う、大きなお金はもらう」って話だからね。

「これからお世話になるんだから、今日はいりません」って私が言ったら、ウチの従業員が、「おかみさん……」ってモゴモゴするからさ、

「いいんだよ。お前、細かいお金は使うっていうのが私の持論だろ。大きなお金は助けてもらうんだし、**ありがとうは口先だけじゃダメだよ**」って諭(さと)した。

貸し借りの帳尻、物事の形は合わせなきゃ。

人にものを頼む時は、なんでもおんぶにだっこで、手ぶらじゃまずい。

「細かいお金は使う、大きなお金はもらう」でいいのよ。

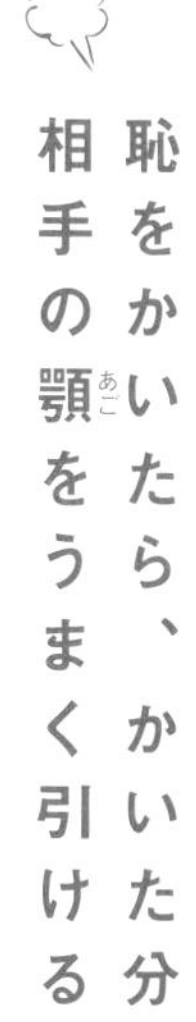

恥をかいたら、かいた分だけ、相手の顎（あご）をうまく引けるようになる

営業のキモは「自分を売る」ってこと。「じゃあ、自分を売るためには、どうすればいいんですか？」って話になると……、営業の極意として、「顎を引く」ってやり方を私は先輩たちから教わった。

顎を引くとは、要はこっちが餌撒いて相手の様子をうかがうってこと。

交渉事でもスポンサーを口説く時でも、相手が手強そうなら、まずはちょっと相手の顎を引いてみる。もし**脈がありそうだと感じたら、何か贈ったりしてみる。**まあ定番だとメロンとかさ、贈るわけよ、手紙も添えて。

そういう攻め方を「顎を引く」っていうの。昔から商談する時なんかにみんなやってた戦法よ。顎引いて、相手の反応があったら次の段階に進むってわけ。

たとえば、「今度、この社長と商売できるかな」って思う会社の社長がいる。

その社長が最近店に来ない。会社の経営状態はどうなんだろう？　そこで、ちょっと調べて顎を引いてみる。しばらくして、社長が久しぶりに店の前を通りかかった。声をかけてみる。その時、「何か手土産でも渡そうかな……いや、この雰囲気だと触らないほうがいいかな……」といった具合に、お互いがすれ違って、一つか二つの会話で判断できるようになるまでが大変。そこまでわかるようになるには、相当恥ずかしい思いもする。失敗するの。だけど、散々恥をかいたら、かいた分だけ、相手の顎をうまく引けるようになるのよ。

若い人は失うものなんてないんだから、どんどん恥をかきなさい。

ちょっと背伸びをするから、人間は伸びる

うまい具合に「顎を引く」にはどうするか。結局は、本人の感性の問題になっちゃうんだけど、感性を磨くことなら誰でもできるよね。

感性を磨くために、趣味や習い事に励んでみるのもいい。少々の贅沢をしてみるのもいい。できたら、**少し背伸びしたものに触れると、さらにいい。**

営業先の相手がどういう育ちの人かわからないこともあるでしょ。普段から、ほんの少し背伸びしたことにもチャレンジしておけば、相手と共通の趣味が見つかることもある。ひょんなことから、仲良くなるきっかけがつかめたりするじゃない。

子供の頃から、塾にばっか行くんじゃなくて、習い事をしたり、趣味に励んだり、**道楽をする**のよ。勉強以外のいろいろなものに触れてないと、顎を引く感覚みたいなものは身につかない。道楽や遊びによって磨かれた感性が、後々の人脈作りに役立ってくるんだから。ちょっと背伸びしないと、人間は伸びないのよ。

お金を薬にするふるまい

お金で買えない大事なことを、
あんたがやりなさい

私は商人の子だったから、小さい頃から店の手伝いをして働いてた。で、一生懸命働くでしょ、すると母親は、「お金いくら使ったっていいんだよ」と、着物でもなんでもいっぱい買ってくれた。でも、その後に必ず、「**だから働きな。働いて、お金を使え**」と、ちゃんと教えた。そして、もう一つ教わったのは、

「**炊事洗濯はお金で人も雇える。だからお前は、お金で買えない大事なことを自分がやりなさい**」

親の教えを守ったから、私は炊事洗濯をしたことがない。すべてお手伝いさん

頼み。おかげで、自分は商売や町おこしに専念できた。ただ、これは商売人の家の環境だからね。サラリーマンじゃない、立場が違うから。

だったら、**サラリーマンはサラリーマンの立場を親が教えなきゃいけない。サラリーマンの極意をね。**私も出世のキモを聞いてみたいよ。上司をおだてたり、騙したり、嫌なことも我慢したから、係長とか部長になったわけでしょ。

親は、自信を持って自分の立場を子供に教えたほうがいい。そうやって教えりゃ、子供は親の仕事を馬鹿にしない。親の立場を理解していけば、子供もそのうち何かしら自分の道を見つけますよ。

粋なお金の使い方をすれば、お金が生きる

下町の粋なお金の使い方ってのがあるの」。

たとえば、どっかの店で食事してるでしょ。そこに誰か知り合いが入ってきた、仲間と一緒に。こっちは黙って勘定して先に店を出る。で、知り合いが帰る時に勘定払おうとすると、「もう頂いてます」となる。あるいは同じ店で飲んでるでしょ。知り合いがいて、向こうも仲間とやってる。で、こっちが黙ってビールを三本差し入れする。そこで店員から「十和田さんから頂きました」って一言が添えられる。こういうのが、まあ下町の粋なお金の使い方っていうかさ。

逆にケチなのはねぇ……。よくいるじゃない、「俺はお前のために、こんなに金を使ったんだ」とか付き合ってる女に言う男、アレは最低だよ。お金も生きない。自分の値打ちも下げる。

粋なお金の使い方は、お金が生きるような使い方のこと。間違っても、あいつにいくら使ったとか言っちゃや、野暮だよ。

お金持ちに気持ちよく お金を使わせることは親切

最近だと、振袖さん（浅草おかみさん会が中心となって設立された株式会社浅草振袖に所属する女性たち。社員として採用され、踊りの稽古、社交マナーなどの研修を受け、宴会からイベントや撮影会等、さまざまな催事に派遣される。白塗りに振袖姿、桃割れの日本髪で浅草の町に華やぎを与えている）のお座敷なんかで、ご祝儀の切り方がわからないお客さんがいっぱいいる。

ご祝儀の切り方って、結局は相手が喜ぶ使い方だからさ、踊りが終わった時とか舞台が終わってひと段落ついた時とか、そういうタイミングで出すとかね。

でも、なかにはいるのよ、ご祝儀を出すのが失礼と思っちゃう真面目な人。

「出したかったけど、出し方がわかんない」

あんたさあ、ご祝儀だよ。相手は振袖さんだけじゃない。言っちゃなんだけど、水商売だよ。お客さんに気持ちよくお金を払ってもらうプロなんだからさ。**お金持ってる人に気持ちよくお金を使わせることは親切**なのよ。それに、お金もらって怒る人なんて、めったにいないって。

部下を惹きつけるには、自分の金を使え

もっと凄いのは、ご祝儀まで会社の領収書切る人。そういう人は、お金使うからありがたいけど、いかがなものよね。ご祝儀ぐらい自分で出せばって。

昔、文明堂の部長がこんなことを言ってた。

「自分は社用でいっぱいお金使ってた。でも、領収書もらってる以上、部下は感謝しない。赤ちょうちんでもいいから、自分でごちそうして、『今日はいいから』って言う上司の姿を部下は見てる。『俺たちのために自分で払ってくれてんだ、部長が』。そういうところで部下は上司を判断する」

昔から話は同じよ。

部下に対して領収書のない金を払う。それが部下を惹きつけるコツ。

立場はどうあれ、人の金を使っているうちは、自分の身にならないってことね。

お金の出し方ともらい方には、人間の品格が出る

世の中には、もらっていいお金ともらってはいけないお金がある。

お金の出し方もお金のもらい方も、要は気の遣い方がすべて。

お金の出し方とお金のもらい方には、その人間の人柄が出る。

お金と人柄にまつわる話。閉館した常盤座（現在の浅草ＲＯＸ・３Ｇ）を松竹から借りて、おかみさん会でイベント興行をしてた頃なんだけどね。

私を含めたおかみさん会の幹部たちが、二〇〇〇万円ずつ銀行から借金して、常盤座で公演をスタートさせようとした。ところが、昭和天皇がご病気になられた。公演は即中止。陛下を恨むわけにもいかない。

私は血のしょんべんが出るわ、副会長の尾張屋さん（浅草尾張屋の女将・田中登美子さん）は円形脱毛症になるわ。資金繰りと体調不良でとうとう進退極まったか……、みたいな状態になった時、救いの手を差し伸べてくれた人がいたのよ。

当時の台東区町会連合会会長の渡部平八郎さんから、ある日呼び出された。それで、渡部さんに会いに上野まで行ったわけ。

その時、私は完全に意気消沈してたからさ、「もう疲れたわ……」なんて、ちょっと愚痴（ぐち）っぽいこと口走っちゃったのよ。そしたら、渡部さんがこう言った。「お前たち、浅草の女だろ」。私は一瞬意味がよくわからなかった。なにせ、血のしょんべんが出てるくらいだから、頭ん中にまで血が巡ってなかったのね。私は、「会長、浅草の女って、どういうことですか？」って何も考えずに聞き返した。

すると渡部さんは、「浅草の女は言ったことはやるんだ」ってビシッと言った。

その言葉を聞いて、私の頭に一気に血が巡ってきた。「勇気、やる気、元気。ダメでもともと、やるっきゃない」が私の信条だったことを思い出した。

顔の血色までよくなったかはわからないけど、少し元気になった様子の私を見た渡部さんは、「お前たち、困ってるんだろ。これを使いな」。そう言って、日銀の帯封がしてある一〇〇〇万円分の札束を差し出してくれたの。もうビックリ！

それから何年後かに、常盤座の精算が終了して、渡部さんに一〇〇〇万円を返しに行った。すると渡部さんは、受け取ったばかりの札束の帯封をポンと切ると、「利息だ」と言って、今度は、お金返しに行った私たちに一〇〇万円も渡してくれたのよ。二度ビックリ！

「借用書はお前たちの心意気だ」

細かいことは一切言わずに大金貸してくれて、借金返しに行ったらご祝儀までくれる。世の中には、こういう粋なお金の出し方ができる男もいるわけだ。

お金の出し方とお金のもらい方には、その人間の人柄が出る。もっと言えば、人間の品格が出る。そういう話。

おかみ流、お金の当たり前

人間は持ちつけないものは持っちゃダメ

たとえば、本店を一〇年間やっていても、無理して支店を出すとすぐ潰れちゃうでしょ。だから、「**支店を出すんなら、本店よりもいいものを出せ**」ってよく言われる。支店では一番いい板前を使うの。それくらい真剣にやらないとね。自分の身の丈を超えて、安易に店舗拡大しようなんていうのはダメだと思う。

やっぱり、お金も自分の身の丈っていうかさ。今のお金持ちでも、社会的なメセナ（文化・芸術活動に資金提供すること）をしてる人もいれば、してない人もいる。自動的にお金が儲かっちゃうような人なら、メセナをするといいよ。

だけど、私たちのような零細企業や庶民は、地元の町や、せめて自分が関わっ

た人たちのために何かすりゃいい。天下国家を言ったってしょうがない。だいたいさ、私たちなんかが持ちつけないお金持っちゃったら、すぐ使っちゃうじゃない。お金に縁が薄い人は、絶対使っちゃうんだから。まぐれでお金入ったら、すぐ使っちゃう。**人間は持ちつけないものは持たない。持っちゃダメよ。**

文久のおじいさん（父方の祖父）は米の相場師だったから、「貧乏人は持ちつけない金は持っちゃいけない」って教訓が、ウチの一家は身に染みてる。おじいさんは一夜大尽、一夜乞食だったたからね。大金が入ると、おじいさんが近所の洟垂れ小僧たちをみんな連れて、牛屋（現在のすき焼き屋）で大盤振いしてたと、慶応元年のおばあさんが言っていた。で、最後は金もなきゃ借金もない。何もない。まあ、借金がなくて終わったらいい終末だよ、博打打ち（相場師）には。

お金は必要だけど、必要以上に持ちつけないものは持たないのがいい。庶民は、そうやって暮らせってことよ。お金はさ、なるようにしてなるのよ。

人間は必要以上に持たないことが一番幸せ。

ケチケチしたから金持ちになれない。細かなお金を撒けばチャンスが寄ってくる

おじいさんのお金が残ってた頃に、一度取られた仲見世の店をおばあさんが一軒買い戻した。その後にウチの母親が頑張って三軒まで店を増やすことができた。ウチの母親って、決して人にはケチじゃなかった。すごく気前よかった。私によくしてくれた人にはみんなあげちゃう、なんでも。

ウチの母親を見てて思うけど、**ケチケチしたから金持ちになれるわけじゃないの。これはもう原理原則よ。ある程度細かなお金を撒かなかったら、お金も人もチャンスも寄ってこない。**こんな話があるの。

昭和三〇年頃、三越が留柄(とめがら)のショールを独占販売してた。今でいうプライベート・ブランド商品。独占販売だから、飛ぶように売れてたわけ。そのショールが、ウチの店に来れば、欲しい人はいつでも手に入った。

なぜかと言うと、問屋がこっそりウチに横流ししてくれてたからなのよ。問屋

の人たちは、普段からウチの母親にごちそうになったり、子供が生まれたりすると、ご祝儀とか贈り物をもらったりしてた。だから、恩義に感じていたのね。他にも、店に配達に来る男の子に「はい、お小遣いだよ、ラーメンでも食べな」って細かなお金を渡してた。ケチケチしないで、人のためにお金をいっぱい使ってた。そういう母親の姿を、私はずっと見てきたのよ。

細かなお金ではあったけれど、人情が詰まっている温かいお金だった。

人に施さないと死に際もよくない、人間は

うんと貧乏した人でも、「自分が貧乏したから、他人に優しくしよう」って人と、「そんなのイヤ、自分だけがよければいいの」って人と、二種類いるよね。**貧乏を経験しても、「人によくする人間」と「人に悪くする人間」に分かれる。**

私なんか、自分が持ってなくてもすぐ人にあげちゃう、江戸っ子だから。

逆に、全然人にあげないで、カビが生えるまでとってあるような人もいる。誰にもあげない。お金も貸さない。でも、自分だけは贅沢(ぜいたく)してるみたいなね。

要するに、自分が見栄を張るトコにはお金使うのよ。自分の立場のためには金は使う。だけど、困ってる人のためにはお金は使わない。

でも、そういう人の死に際は寂しいもんだよ。私はこの歳になるまで、同じような人を何人も見てきた。やっぱり、自分ができる範囲で人に施さないとさ。**人に施さないと死に際もよくない、人間は。**

成り上がりのどこが悪いんだ？　成り下がるよりいいだろ

成り上がりの人って、世間から何かと言われるよね。「あいつはただの成り上がりだろ」とか。浅草の旦那衆なんかも昔から小馬鹿にしてたよ。でも、私の死んだ旦那（和菓子屋「菊水堂」若旦那・冨永健司さん）は、ちょっと違ってた。

「**成り上がりのどこが悪いんだ？　成り下がるよりいいだろ**」

旦那が言ったのよ。これ名言でしょ。

ホリエモンとか別にいいと思うよ。私にはあんなことできないし、儲けたお金で社会貢献してくれれば余計いい。もしくは自分だけ楽しんで一生暮らしていくのか、それも本人次第。

ホリエモンが本に書いてるけど、「お金なんか一銭もいらない、いつでもつくれる」。そこまでいきゃたいしたもんよ。ただ、ホリエモンはスターだからね。いざとなれば、大勢いるファンからお金集めることもできるしさ。

成り上がりには、密かにお金持って、何してんのかわかんないような人もいる。お金儲けるのはその人の勝手だけど、社会愛があるのかないのか、何をどう思うのか。それも儲けた人の自由。別にうらやましがることもない。

成り上がりにイチャモンつける人たちって、気持ちのどこかに妬みがあるんだと思う。だけど、他人を妬んだってしょうがない。「成り上がりのどこが悪いんだ？　成り下がるよりいいだろ」って言ってたほうが、よっぽど気分が清々しいよ。

プライドのある人はクラウドファンディング、プライドのない人はヨイショ

まあ、お金持ちで感心する人は少ないんじゃないの。お金持ちは基本的にケチ。

でも、ケチはケチでも、訳のわかったお金は出すわよ。**綺麗に稼いだお金持ちで、ちゃんとした人なら、訳のわかったお金は出す。**

だから、訳のわかったお金を出してもらえるように、お金が欲しい人は努力しろと。訳のわかったお金は出してくれるよ、絶対に。

もう、壁にぶち当たったら、金持ちに頭下げてヨイショでもなんでもして金を借りる。でなかったら、投資してもらうとか。あのクラウドファンディングっていうの、若い人はやったほうがいいよ。

「**プライドのある人はクラウドファンディング。プライドのない人は金持ちをヨイショしろ**」。さらに言うと、

「**アイデアがある人はクラウドファンディングで金を集めろ。アイデアがない人はヨイショで金を借りろ**」

クラウドファンディングかヨイショ。これが究極の選択よ。

寒けりゃ、そのほうが緊張して勉強できんだろ！

息子の龍司の中学受験が目前に迫った真冬の季節。その頃は家の中が寒くて寒くて、吐く息が白くなるような状態。龍司は頭から布団かぶって、震えながら受験勉強してた。その時に龍司が言った言葉、今でもはっきり覚えてる。

私、ご祝儀出すのが好きなんだけど、そんな私に向かって、龍司がこう言った。
「お母さん、人にご祝儀あげるお金はあっても、家のストーブを買うお金ないの？」。これにはガクッときたね。でも私は、「いいんだよ！　寒けりゃ、そのほうが緊張して勉強できんだろ！」
そう言い返したもん。息子は母親以上にガクッとしたと思うね。

まあ、そこまでやって、町おこししてきたのよ。そういう親の姿を見てきたから、龍司も議員になって、町のために何かやろうと思い立ってくれたんじゃないかな。

第2章
生きるは商い
かしこく働くための凄知恵
いらっしゃいませ
働くとはどういうことか。おかみの仕事噺、理想のリーダー像

「やるっきゃない」が女の道をひらく

物事は先に決めちゃわないと、前に進まないよ

物事は先に決めちゃわないと、前に進まないよ。

機が熟すのを待つ、って考え方は間違ってはいない。だけど、世の中にはまず物事を決めて、決めた後から機が熟し始めるってこともある。

やるって決めて走り出したら、走り続けるしかなくなる。でもね、後はなんとかなっちゃうの。だから物事は先に決めて、どんどん進む。

ダメでもともと、やるっきゃない。

女だからやりやすいが、女だから壁もある

今じゃ、二階建てバスが街中を走っている姿なんて当たり前に見るでしょ。でも昔は、二階建てバスが日本の道路を走るなんて想像もつかなかった。そんな時代に、いち早く二階建てのロンドンバスが走った場所が浅草なの。

遡ること昭和五三年。台東区商連の新実善一会長がロンドンに行った時、街中を走る二階建てバスに乗ったら、これがなかなかよかったと。その話を聞いて、「ロンドンも浅草も下町。だったら、浅草と上野の間に二階建てのロンドンバスを走らせてみたら、いいんじゃないの」って、みんなで盛り上がったわけ。

当時の浅草は、昭和の東京オリンピック後でゴーストタウンになっちゃってた。三社祭のお神輿(みこし)も担ぎ手が足りなかったくらいだもん。

ロンドンバスが浅草を走れば、きっと町おこしの起爆剤になる。

「これはもう、やるっきゃないでしょ」

そしたら、台東区商連の青年部が中心になって動き出してくれた。そして中古のロンドンバス購入も決定した。

女は走り出すのが早いよね。スタート時の加速だったら、女は男を超えるんじゃないかな。まあ、昔も今もそうだけど、世の中には女だからやりにくいことがある。でも、それ以上に、**女だからやりやすいことがたくさんあるのよ。**

女の武器は、色気よりも愛嬌

浅草に二階建てのロンドンバスを走らす計画はアクセル全開で動き出した……はずだったんだけど、走り出した途端、私たちは大きな壁にぶち当たったの。

昭和五三年当時の道路交通法では、走行する車の車高は三・八mまでという制限があった。ところが、二階建てバスの車高は四・三m。その差たった五〇㎝が、大きな壁となって立ちはだかったわけ。早速役所へ掛け合いに行ったけど、相手はお役人だし、担当者レベルと話しても全然ラチがあかない。

「よし、こうなったら……」と、当時の運輸大臣と直談判(じかだんぱん)することに決めた。こういう大胆なことを平気でやれちゃうのも女よ。

その日、台東区の旦那衆とおかみさん会の代表メンバーで大臣の元を訪ねた。おかみさん会のメンバーは全員が着物に着替え、バッチリ化粧して戦闘モード。ところが、旦那衆は大臣の前で緊張してたのか、ロンドンバスの英語の説明書なんか読み出しちゃって。できない英語を読んでるもんだから、モタモタして少しもラチがあかない。そこで、私たちは一気に大臣を取り囲むと、「ねえ、大臣先生、お願い～」ってな感じでやったわけ。

あの頃は私たちもまだ若かったからね。着物姿の女衆の魅力（圧力）に負けたのかどうかわかんないけど、大臣先生は、「わ、わ、わかりました……」って、特別に許可を出してくれたのよ。いわゆる超法規的措置ってやつ。それをおかみさん会で実現させちゃったわけ。

まあ、器量がよくなきゃ色気はたいして効き目がないかもしれないけど、愛嬌があればなんとか乗り切れるのね。**女の武器は、色気よりも愛嬌**よ。

壁を突破する女、三つの心がけ

開かない扉は、女のほうが開けられる

女たちの直談判が法律の壁を突破しちゃった。

今じゃ信じられないような話だけど、時代だったのかな。だけどもし、男たちだけで陳情に行ってたら、こうはいかなかったと思うのよ。理屈と理屈の応酬みたいな感じになって、物別れに終わったかもしれない。

頑丈な開かない扉をこじ開けるにしても、ただ力ずくで開けようとするんじゃなくて、もっとしなやかに軽やかに、愛嬌もまぶしながら、ヒョイと開けてしまう。それが女の強み。「**開かない扉は、女のほうが開けられる**」ってことなのよ。

訳がわかってないのに、わかってるようなことを言えちゃうのが女の強み

二階建てのロンドンバスが浅草で走った時の話。

初日はもう凄かった。北は北海道から南は九州まで、全国からお客さんが来てくれて、雷門前は大パニック。あまりの混雑ぶりに、関東運輸局の職員は「このままじゃ怪我人(けが)が出る」と心配し、運行を中止してほしいと要請してきた。

「何言ってんのよ、朝の山手線なんかギュウギュウ詰めでも平気でドア閉めて走ってるじゃない」なんて屁理屈は口にせず、代わりに私は職員にこう言い返した。

「始末書ですか？　それとも刑務所ですか？」と言って、両手を前に出した。

すると職員は、一瞬押し黙ってから、

「……私は、何も見てません」と、ボソリと言ったの。

これで突破できたわけ。やっぱり、荒れ場でも女のほうが強いよ。男が同じこと言ったら、こうはいかなかっただろうね。下手すりゃ乱闘沙汰だって。


訳のわかってるような、わかんないようなことを言えるのが女。

訳がわかってないのに、わかってるようなこと言えちゃうのが女なの。こういう強みを女は生かすべきよ。

コトを動かすなら、まずはてっぺんを口説け

会議が好きな人たちっているよね。こういう人たちとつるんでても、なかなかコトは進まないでしょ。それどころか、話があらぬ方向にずれていくことのほうが多いんじゃない？　だからこそ、

本気でコトを動かすなら、まずはてっぺんにいる人に掛け合うべし。

「水は上から下に流れる」って言うでしょ。水道の蛇口の下であんぐりと口開けて、水が落ちてくるのを待ってるんじゃなくて、元栓をキュッとひねって開けりゃいいの。そうすれば、水は一気に流れ出す。

優柔不断な中間管理職とチマチマやっててもラチがあかない。ならば、間をすっ飛ばしてトップと直談判する。それでもコトがうまく運ばないなら、トップはダメだということよ。

組織をうまいことまとめる妙薬

「親分こけたら皆こけた」をヒラリとかわすべし

老舗や個人経営の商店なら跡継ぎ、大企業なら次期社長。こういう類いの後継者問題は、何かと悩ましいものがあるよね。特に、トップの人間に権力が集中している組織や、何事もトップの判断で動いているような組織は、後継者問題で遺恨を残すことが多い。

一代で財を成したような会社にありがちだけど、「俺が俺が、私が私が」的な感じで、トップがなんにでも首を突っ込んでくるじゃない。すべてをトップが自分で決めたがる。そういう組織ほど後継者が育っていないから、「親分こけたら皆こけた」になる確率が高いのよ。

だいたいにおいて、トップが自分の引き際を見誤ってるのが原因だと思う。こうなると、組織はダメになっていく。

重要なのは、**いつまでもトップの人間が組織を引っ張っていくことじゃない。どのタイミングで自分の身の引き際を見極めるかってこと。時を定め、その時が来たら潔く、後に続く者たちに道を譲る。**私にとっても課題ですよ。

子供に商売を継がせるのなら、初任給は相場の三倍出せ

「将来はお前が跡取りになるんだから、今は給料安いよ」
「最初は子供に安い給料、どうせ死んだら子供のもの」

だいたいこれが話の始まりだね、世の後継者問題は。だから逆に、私はこう言ってるの。

子供に商売を継がせるのなら、「初任給は相場の三倍出せ」。

そうすれば、子供たちもヤル気になる。仕事が嫌だなと思っても、ヨソよりいい給料もらってるから、子供たちも頑張らざるを得ない。

いい給料もらってれば、会社勤めの友達のことをうらやましいと思ったりもしない。自分の仕事にも誇りを持てる。

相場より高い給料払ってるせいか、ウチの一家は後継者問題で揉(も)めたことがないのよ。孫なんか今時の子だけど、自分で居酒屋を始めたりして、意欲的だもの。ところが、コロナの影響で孫が店を閉めることになった。

「この次何するの？　お前、しばらく修業のつもりで一度勤めに出てみたら？」って提案したら、「おばあちゃん、口減らし？」なんて悲観的なことを言う。

だから私は、「何言ってんのよ、バアさんの勤め先なんてどこにもないし、お前のお父さんも勤めるような歳じゃない、頼れるのはお前しかいないよ」って、急に下手(したで)に出たりなんかしてさ。今じゃ私も、孫にまで泣き売(ばい)してんのよ。

売り物は私自身

生きるためには芝居も必要

物売りの基本には、**啖呵売（たんかばい）と泣き売**の二種類がある。

啖呵売っていうのは、映画『男はつらいよ』の寅さんを観ればよくわかるね。昔、縁日なんかで香具師（やし）がモノを売る時にやってたアレよ。「寄ってらっしゃい、見てらっしゃい。ええい、持ってけ泥棒！」みたいなやつ。今で言うと、「奥様、驚きの価格です！」とかやってる実演販売やテレビショッピングに近い。

威勢よく啖呵を切って人の興味（気）を引くやり方、これが啖呵売。泣き落としで人の同情（情）を引くやり方、これが泣き売。この二つがモノを売る時の基本。

人を説得する時もそうでしょ。時には啖呵切ったり、泣き落としたり、そういう演じ分けみたいなことするよね。**生きるためには芝居も必要よ。**

だって、「嘘もつきます、生きるため」なんだから。

「私は芝居がうまくできません」とか臆病になってどうすんの。芝居が下手で当たり前。プロの役者じゃないんだから。自信があれば、堂々と啖呵切ればいい。辛くてしょうがないなら、本気で泣けばいい。堂々と本気でやれば、相手の気を引ける。恥ずかしくなんかないって。

人間、恥をかかなきゃ、恥ずかしさなんか消えないんだよ。

一つの職業が三代続いたらプロ

「役人も、商人も、サラリーマンも、職人も、三代やってたらプロや」というのが、ダイエーの創業者・中内㓛さんの持論。**一つの職業が三代続いたらプロ**だと。

でも、なかなか三代まで続かないんだよ、みんな。老舗だってそう。昔商売やってても、お父さんが潰したからサラリーマンになったとか、そういう人ずいぶんいるでしょ。まあ、大企業ともなると別だけどさ。

大企業じゃない中小零細は、「中くらい」を守っていれば何代も続く。

ウチみたいな店だと「貧乏にも金持ちにもなるな」「儲かったら使え、貧乏になったら一生懸命働け」「中くらいを保つ」というのが正道よ。

飛び抜けて儲かった時にバンバン広げるから失敗する。いろいろと悪い誘いもあるし、変な欲も出てくる。テレビなんか見てても、時代劇の豪商なんかだいたい潰れるじゃない。そうやって、先代たちの失敗を見て、バランス感覚を学びながら、のれんが続くのよ。

昔、舟和（浅草の老舗和菓子店）の社長がこんなことを言ってた。「社員たちにとって、何が幸せかって考えた。『ボーナスもらったら、みんなで旅行に行こう、ハンドバッグをお母さんに買ってあげよう』。たぶん、そういうことが日本の平均値の幸せなんじゃないかな」

ほんと、そうだなって思う。**中くらい、つまり中庸だよ。中庸が一番幸せだよ。**

売るものがなかったら、自分を売れ

コロナで最初に緊急事態宣言が出た時の話よ。その影響で浅草はどん底だった。仲見世でやってるウチの店のお菓子も全然売れなくて、私が途方に暮れてたら、鬼怒川温泉旅館・ものぐさの宿花千郷のおかみさんから電話がかかってきた。

「今度のＧｏＴｏキャンペーンで応援しますよ。旅館の売店で、おかみさんのトコのお菓子をお土産として売らせていただきます」

時期が時期だけに、ほんとにありがたかった。ありがたいと思ったら、これよ。

「なんでもおんぶにだっこで、手ぶらじゃまずい」

私は「ありがとう」に付加価値をつけようと思った。

「よし、雷門前で写真撮ってパネルにしよう。お菓子のディスプレイにしよう」

そう考えた私は、取引先銀行の若い営業担当を店に呼んだ。

「あんた、雷門で写真撮ってきな。それをキンコーズで引き伸ばして頂戴（ちょうだい）」

そうお願いした。そして、すぐに彼は写真を特大パネルにして持ってきてくれた。

すると、孫の健太が「おばあちゃん、なんで銀行の人に銀行の仕事じゃないことさせるの？」って納得いかないような顔して言うのよ。だから私は言い返した。

「馬鹿言ってんじゃない！　銀行なんて、利息は同じでも売るものなんて何もないだろ。**お客さんと仲良くするしかない。他より抜きん出るために、自分を売るんだ。だからこうやっていいヤツと言われて、営業やるんだよ**」

これも勉強だって孫には言ったの。ヨソの町じゃ、こういうことはないかもしれない。けど、この浅草はこういう土地なんだから。

何も売り物がないから、媚を売る

「ありがとよ。パネルにするのにいくらかかった？」

「数千円かかりました。ですが、おかみさんにはいつもお世話になってますから、経費はこちらで持ちます」って向こうは言ってくれる。

ならばと、私は彼にごちそうする。これが人脈作り、営業なのよ。少なくとも、銀行員の彼は客の心に残ることをしたわけだ。**「印象的なことをすれば、お客様はあんたを忘れない」**

直にお客様に教わったわけだ。ヨソで、こんなことをさせる客は少ないからね。モノを買うなら、店に行けばいいだけよ。でも、**最後の決め手は、「どの人」から買うかっていうことでしょ。優秀な営業マンは、モノを売っているんじゃないの、自分を売ってるのよ。**

自分に芯があれば、それだけで売り物になる。芯がなくてフニャフニャしてるから、売り物にならない。だから、媚を売るしかなくなるのよ。

懐の深い上司が部下の才能をひらくのよ

部下の操縦法っていうのはたくさんある。おだてて使うとか、私みたいに「馬鹿言ってんじゃないよ」って怒ったりとか。

ある程度歳とってれば、多少上から目線でも部下は渋々従う。力関係もあるし。ほらよくサラリーマンで、やたらと上司にヘコヘコしてる人がいるでしょ。でも最近じゃ、若い人が上司に対等な口をきいてるよね。

私が取引してる銀行なんか、若い女の子が上司と対等にやってる。生意気な小娘と思ったら大きな間違い。**対等にやらせてる、その子の上司が偉いのよ。若い部下に対等な口をきかせるような上司の懐の深さ。**だから、上司が転勤になってウチの店で送別会やると、生意気そうな小娘がワーワー泣くもん。

大きな援助よりも、小さな親切がありがたい

銀行の支店長とかでもいるよ、すごく威張ってるタイプ。反対に、周りに対してものすごい気配りをする人もいる。

初めての緊急事態宣言が出てた頃の話よ。コロナを恐れて外出を控えてるから、店にお客様は全然来ない。周りの商店は休業だらけ。企業はほとんどが在宅勤務。でも、銀行やスーパーみたいなライフラインに関わる職場は、ほぼ通常どおりに営業してた。

そんな時、私と親しい銀行の井上支店長が部下を何人か連れて店に来てくれたのよ。感染対策をバッチリしながら、みんなで飲んで食べて。おまけに、持ち帰りの卵焼きまで三〇個くらい頼んでくれた。「冷蔵庫に入れときゃ、もつから」「今日来れなかった連中にも順番に配ってやるんだ」とか言ってね。

浅草や上野あたりの支店長でもさ、そういう細かい心遣いをする人がいるのよ。**ほんの小さなことで、人はハッと心が動かされる。些細なことに目を向けられるかどうかっていうのも、懐の深さなんでしょうね。**

人は、大きな援助よりも、小さな親切がありがたいのよ。

上司はおだてて使う。どうにも褒めようがない上司だったら、何かモノでも褒めなさい

やっぱり、仕事はいい上司やいい先輩に恵まれないと辛いよね。ヒドイのに出くわしちゃうこともある。そういう時のかわし方って、私は会社勤めしたことないからよくわからないけど、ちょっと辛抱したら立場が変わることもあるだろうからさ。転勤とか配置換えとか。じっとしてりゃ、嫌なことも過ぎちゃうかもしれないし。

それと、面従腹背（めんじゅうふくはい）じゃないけど、馬鹿な上司はうまく使えばいい。使いもんにならない上司でも、どっか長所見つけておだてちゃうのよ。

「ネクタイいいですね」とか「その時計、素敵ですね」とか褒めるのよ。どうせ使えない上司なんだから、身に着けてるものでも褒めてれば、いい気になる。

どうにも褒めようがない時は、とりあえず何かモノでも褒めなさい。

叱る時には、誰かと絶対比べるな

お母さんが子供を叱る時、「誰々ちゃんはいい子なのに、どうしてあなたは悪い子なの」とか、つい口走っちゃうことがあるじゃない。ダメな上司が「何々君は優秀なのに、君は使えないね」とか、誰かと比べて説教することもあるでしょ。

こういうのはよくない。**誰かを叱る時は、目の前の人間だけに向き合わなきゃ。**

他人と比較するから、人は苦しむのよ。叱られる側からすれば、叱られるだけでも辛いのに、誰かと比べられた日にゃ、プライドまで傷つけられて、下手したら一生立ち直れなくなっちゃうよ。

誰かと比べるような叱り方ってのは、相手を痛めつけてるだけ。**本気で相手を想って叱るなら、ヨソは関係ないでしょ。**

私は気性も激しいし、口も荒いから、しょっちゅう怒ったり、喧嘩もしてきた。でも、今日まで誰にも刺されずに済んでるのは、たとえ厳しく叱っても、相手のプライドだけは傷つけないようにしてきたからだと思ってる。

人を叱る時は、誰かと比べるな。鉄則だよ。それが愛情、人の情けよ。

カラスは白いと言われたら、「はい」と言って帰ってこい

昔、あるホテルで模擬店をやってた頃の話よ。ウチの店の従業員がホテルの人間と揉めごとを起こしたことがある。私たちはお蕎麦出すためにホテルの調理場を貸してもらってた。だけど、ホテルの人間に意地の悪いのがいて、ウチの子に調理場を使わせてくれなかった。それで、その子が頭きて、結構突っ張っちゃったのよ。その子が怒るのも無理はない。だけど、私はあえて叱ったよ。

「お前商売なんだよ。**カラスは白いと言われたら、「はい」と言って帰ってこい**」

「こういう問題が起こった時は、後で私が話をつけるから、お前は『ご無理ごもっとも』と言って帰ってくるんだよ」

私自身、同じようなことを何度も経験してる。和菓子屋をやってた頃、取引先だった日本橋の一流デパートに意地の悪いのがいた。うだつが上がらない万年係長みたいな人間にさんざん意地悪されたよ。ウチが納品した和菓子を見て、「今日はあんこ玉の色が違う、寒天の大きさが違う」とか、どうでもいいようなイチャモンばっかりつけてきた。だいたいさ、出世しないのには意地の悪いヤツが多いんだから。どこの会社にもそういう人間は必ずいるよ。

仕事では、納得できないことにいっぱい遭遇する。そんな時、言いたいことをグッと呑み込み、「はい」と言うことも大事。ただ揉めるんじゃなくて、一度引く。その後、相手の急所を締め上げる。面従腹背という寝技を使うのよ。

いったん「はい」と言って引き下がる。後はトップ同士で話をつけてもらう。上から圧力がかかれば、意地の悪いチンピラみたいな連中なんて、途端におとなしくなるんだから。

「危険な橋を渡る」のが家元の作法

リーダーは火中の栗を拾え

私がまだ小さい頃、母親とお風呂屋に行くでしょ。すると、洗い場で私が他の知らない客と一丁前に喋ってる。まあ、それくらい子供時分から人との社交はうまかったんじゃないかな。喧嘩も強かったね。幼稚園の頃から女のガキ大将よ。

女学生時代なんか、クラスの誰かが悪さしたりすると、「誰がやったんだ？」って先生に聞かれたら、私は自分がやってなくても「はい、はい」って、自分から手を挙げて、わざわざ怒られちゃうんだからね。そのおかげで、高校卒業までの六年間、私だけは掃除当番なし。

かなり変わった子供だったけど、今思うと、そういう性質（タチ）も、リーダーの気質だったのかな。嫌なことを買って出るとか、率先してリスクを背負うとかさ。

「**誰が火中の栗を拾うのか**」

特にリーダーは、そういう部分が重要になってくると思うよ。

未来があるから叱るんだ。
未来のないヤツなんかには叱らない！

リーダーの気質はあるかもしれないけど、理想のリーダー像には程遠いと思うわよ、私は。だって、すぐ怒鳴るから。

高崎（群馬県高崎おかみさん会のメンバー）の二人は、私にしょっちゅう怒鳴られて、「なんでおかみさんは、私たちばっかり怒るんですか」って泣くわけよ。

だから、「**未来があるから叱るんだ！　未来のないヤツなんかには叱らない！**」ってさらに怒鳴る。すると、嬉しそうに納得するのよ。でもって、ハッスルしてよくなる。それからは凄いよ。高崎でおかみさん会がパーティーすると、県知事から地元の名士から、何から何までいっぱい来るもん。たいしたもんだよ。

やっぱり、見込みがあるから叱るのよ。

「あなた、このままじゃもったいないわ、もっと自分の能力を伸ばしなさいよ」って、こっちがもどかしくなるくらい、相手がいいものを持ってる。だけど私も未熟だから、つい怒鳴っちゃう。恥ずかしいね、日々反省のおかみですよ。

出来の悪い人間のほうが伸びしろがある

世の中には、出来のいい人間もいれば、出来の悪い人間もいる。合理的に考えたら、出来のいい人間だけを相手にしてりゃいい。だけどそうじゃない。私自身、出来の悪い人間から教えられることも多いからなのよ。自分の配慮のなさや驕(おご)りとか、そういう自分の欠点を、出来の悪い人間が教えてくれる。

もともと出来のいい人間なら、悪いほうへ逸(そ)れないように要所要所で注意してあげれば済む。むしろ、**出来の悪い人間のほうが伸びしろがある**。私はそう思う。

もし、伸びしろがない人間がいるとしたら、それは出来が悪いんじゃないの、もとから根性が悪いのよ。

人生は貸借帖と心得る

損益分岐点は商売や仕事だけじゃない、人間にもある

ビジネスでもなんでもそうだけど、利益の境目というか山を越えたあたりから、一気に経営が安定したり、次々と新規の取引とかが舞い込んできたりするよね。同じことが人間にも言える。**人間にも損益分岐点があるのよ。人は損益分岐点を超えると、嫌でもいい情報とかが向こうからやってくる。いっぱいくる。**「この会社はいい、この人はいい」って、みんなが寄ってくる。**損益分岐点は商売だけじゃない、仕事だけじゃない、人間にもある。**

こういうことがなんでわかったかというと、小佐野賢治さんから学んだの。ほら、国会の証人喚問とかで政治家が「記憶にございません」って言葉をよく口に

するでしょ。あの言葉を日本中にはやらせた人。その昔、ロッキード事件でいろいろあった国際興業の小佐野賢治会長のことよ。

私は若い頃、小佐野さんに可愛がられてて、会社によく呼ばれてた。小佐野さんのトコに行くでしょ。そこには、一流企業のお偉いさんから政財界に通じてる人たちが、ひっきりなしに訪ねてくる。それこそ巨額のお金が動くような話を持って。みんなが小佐野さんに頼みごとをしに来てるのね。

「なるほど、**お金持ちは、向こうから儲かる話が寄ってくるんだ**」「小佐野さんは凄いなぁ」と感じたのよ。

やがて月日は流れ、私の名前もそこそこ知られるようになり、講演依頼も来るようになった。そんなある時、講演中に突然、「ああ、人間にも損益分岐点があるって、こういうことか」と腑(ふ)に落ちた瞬間があった。

「**自分が努力して何かやってるうちに、ある峠を越えると、いい話が向こうからやってくる**。そう言えば、小佐野さんもそうだったな」と。

小佐野さんからはいろいろ学んだね。私たちが会社までお蕎麦ゆでに行くと、いつも帰り際に「これ持っていきな。店の若い衆に食べさせてやれ」って、もらい物を風呂敷に包んで全部くれるの。そうやって現場の人たちを思いやってた。

黒幕とか政商とか、世間じゃ小佐野さんを悪い人みたいに扱うフシがいまだにある。だけど小佐野さんは、情に厚くて社員を大事にする、立派な経営者だった。

いかに人のことをするかが大事。私心を入れないでね

何事も損益分岐点を超えるまでが大変よ。でも、日々の努力を積み重ねていくうちに、人は自分の損益分岐点を超えられるんじゃないかな。

そのためには、**いかに人のことをするかが大事。私心を入れないでね。**小さな親切、大きなお世話。だけど、小さな親切でも、できることはしたほうがいい。

売るのも商売、売らないのも商売

かつて私が講演に行った場所だけど、地方の小さな商店街で一軒だけ、はやっ

てる店があった。その店は年中無休みたいな感じでやってたの。だけど、旦那さんが亡くなって、奥さんは思い切って一週間店を休もうと決めたそうよ。

一週間後に戻って店を開けたら、なんと、休む前よりも売れたんだって！

となると、「**売るのも商売、売らないのも商売**」なんだね。常に品物を切らさないで売るのも商売だけど、季節物なんか今じゃ一年中あるじゃない。イチゴだってなんだって。ただその分、価値は低くなる。そこで初めて、「売るのも売らないのも商売」ってことがわかる。

そういうメリハリがさ、何事にも必要なんじゃないのかな。人間もそうでしょ。**表に出ないでじっとしてるのも人生よ。**「**あいつ今何考えてんのかな**」って、**周りに何かを感じさせるのも人生よ。**じっとしてる時に力をためといて、戻ってきた時にポンとやったらさ、ふわっと上がるんじゃない？

生き方もさ、一つの作戦なのよ。**人生も作戦を立てて生きてみたらいい。**

予定調和なんて ぶっ飛ばせ

否定されて当たり前。突破口を探し続ける

若い人が何か新しいことをするには、開き直ったような図太い精神を持ったほうがいい。ダメでもともと、失敗してもいいの。もう一回立ち上がれるんだから。**精神力を身につけるには、小さい失敗をどんどんやれ。小さい失敗くらいじゃ死なないからね。否定されて当然。恥をかかなきゃ、嫌な思いをしなきゃ、精神力は鍛えられない。**

私なんか、散々失敗したよ。恥もかいたし、周りから叩かれもした。そうやって頑丈な精神力がついたんだもの。

不況やコロナ禍のような苦境で、**壁のどこに穴を開けるか、自分がどう突破す**

るか。それを考えるのが重要なのよ。

私なんかと違って、今の人はみんな学問もしてんだし、ある程度の知識は持ってるでしょ。だったら、趣味でも習い事でも、学問以外に別のことをするのも凄く大事。壁に穴を開けるためのアイデアを広げるためにも。

「鳴かず飛ばず屁もたれず、三度の飯もほどほどに、百まで生きる馬鹿がいる」

店に来た常連さんがこんなことをボヤいてた。

「我々なんか額面の給料からバンバン引かれて、手取りはひどいもんですよ」

安定した企業に勤めてる人だけど、給料には不満なわけだ。

この人に限らず、会社の不満を口にする人は多い。反対に、唯々諾々（いいだくだく）と過ごす人も多いよね。余計なことはしない、当たり障りなく波風立てずに、ぬぼーっと。

「**鳴かず飛ばず屁もたれず、三度の飯もほどほどに、百まで生きる馬鹿がいる**」

昔の人はそう言った。そんなふうに生きたって、おもしろくもなんともない。なんの意味もないってこと。いい子いい子は、どうでもいい子よ。

いい子いい子は、どうでもいい子

いわゆる「いい子」っているよね。今、そういう子が多いじゃない。

でもやっぱり、いい子いい子は、「どうでもいい子」なのよ。

最初は「いい子」と褒められ、やがて「いい人」と呼ばれ、そのうち「都合のいい人」みたいに扱われ、最後は「どうでもいい人」として忘れられちゃう。それじゃ、人生悲しいよ。


どうでもいい子にしないためには、親が月謝を払ってやらなきゃ。

子供が失敗するための月謝を親が払ってやる。

失敗してもいい月謝を払ってやるのよ。

学問でもなんでも、月謝払ってなんぼでしょ。人はタダでものを教えてくれないんだから、人生に月謝を払わなきゃダメよ。お金にお金を投資するんじゃなくて、「人にお金を投資しろ」。そういうこと。絶対そうよ。

私が世の親御さんたちに言いたいのは、**「子供を商品として考えろ」ってことですよ。商品には磨きをかけなきゃ売れやしない。**

別に商人じゃなくても、親は自分の子供を「一押しの商品」だと考えて、磨きをかけてやらなきゃいけませんよ。

何もなくて何かやろうったって、何もできない、カラ手形じゃ。

人生のお守りになる合言葉

誰かに相談しなきゃやれないようなことなら、ハナからやらないほうがいい

私のところには、毎日のようにたくさんの人が頼みごとや相談をしに来る。だけど、なかにはこういう人もいるのよ。

「どうすればいいかわからないんですぅ」って深刻そうに言うから、こっちも一生懸命相談に乗る。だけど、「いや、私はそうは思いません！」とか言って、全然聞き入れない。そのくせ、「私はこう思います」とか、逆に意見してくる。

それってさ、もう自分で答え出してるってことじゃないの？ 相談しにきたと言いながら、自分の答えに同意を求めてるだけでしょ？ 私も面倒くさくなって、「ああそうね」なんて合わせる。すると、向こうは満足して帰っていく。で、し

ばらくしてからまたやってきて、「おかみさ〜ん、ダメでしたぁ〜」って泣くの。自分が失敗した時の担保として、誰かの同意を求めてるのね。もうこの時点で、うまくいかないのははっきりしてる。

誰かに相談しなきゃやれないようなことなら、ハナからやらないほうがいい。他人に決断を委ねて失敗すれば、ウジウジと他人のせいにしたりするでしょ。自分で決めれば諦めもつく。自分で決めて失敗するから次の学びにつながるのよ。

「勇気」「やる気」「元気」、少々の「リスク」

「勇気」「やる気」「元気」の三本柱。あと少々の「リスク」を背負う。これがリーダーの条件。ただ、その土台に「感謝」がないと、柱はぐらついてくる。

たとえ「勇気」「やる気」「元気」があっても、「感謝」の心を持ってないと、ふらふらっと私利私欲に流されちゃう。哀しいかな、人間のサガって、そういうもんでしょ。

そんな時は、「自分はまだまだ感謝が足りない」と踏みとどまって、自分で自分の頭を叩く。バシッ、バシッてね。そうやって、「勇気」「やる気」「元気」の三本柱の杭を「感謝」という土台に打ち込み、錦の御旗を立てて頑張ってきたわけよ。

馬鹿の一つ覚えは、馬鹿にできない

「勇気、やる気、元気」が私のモットー。

モットーや座右の銘みたいなものは、人それぞれにあると思う。そういうのを、言葉は悪いけど、馬鹿の一つ覚えみたいにいつも口にしていると、やがて自分の体の一部になってくるのよ。すると不思議なことに、今までできなかったことがヒョイとできたりするんだね。そうなったら、もう誰からも馬鹿にされなくなる。

だから、**馬鹿の一つ覚えは、馬鹿にできない。**

娘は反面教師、孫娘は隔世遺伝

私には夢があったのよ。娘を上野の商人の家へ嫁にやり、息子は浅草で商人をやって、上野と浅草を行ったり来たりする。それが私の夢だった。上野と浅草に1軒ずつ店がありゃ、こんないいことないと。

娘の浩子は引っ込み思案だったけど、とても頭のいい子で、うちの従業員には絶大な信頼があったよ。性格は凄く真面目。でも、ちょっと固いトコがあってね。上野のとある老舗とお見合いの話が来たりもしたけど、浩子は固いからさ。同じように固い税務署の職員と結婚したよ。

ほんと、浩子には欲がなかったね。「親がこんなに欲張ってんのに、なんで娘は」ってなもんよ。これもまた反面教師かな。

浩子は私と真逆みたいな人間だったけど、孫娘の桃子は気性が私によく似てる。小さい頃から親分肌で、人には親切。「認めるわ、DNA、悔しいけど」って母親の浩子がよく言ってたね。

第3章
修羅場道
痛い目に遭った時の凄知恵
ピンチを
チャンスに
変える考え方。
ピンチが自分の
人生を養う

辛抱も苦労もスパイスになる

辛さをギュッと抱きしめ「辛抱」する

コロナで世間が大変になり始めた頃、ウチの孫に言ってやったのよ。

「健太、これからは我慢だ」。そしたら、返ってきた言葉が、

「おばあちゃん、僕、我慢したことないから、どうやってするのかわからない」

いや、ホント驚いた。冗談なのか本気なのか、我慢がわかんないってんだから。

さて、それから何ヵ月か経ちました。孫が自分で最初にやった居酒屋の仕事、やめることになりました。商売がたいしてうまくいかない、コロナが続く。だったら赤字にならないうちに店閉めようというわけ。

「健太、わかったか。お前も人（従業員）を使ったり、売り上げのこと考えたり、

いろいろ苦労しただろ、これからが本当の我慢だよ。わかっただろ」「うん」だってさ。こうやって体で覚えないとわかんないんだね。だけど、仏教的に言うと、我慢って言葉自体は「自意識が高くて慢心した状態」「上から見下ろすような驕った気持ちがある状態」を指すんだってね。**もし辛いことがあったら、辛さをギュッと抱きしめ「辛抱」する。我慢の次は、辛抱だね。**

一番になれないからって落ち込む必要はない。あんたは、この世で唯一無二の存在

「華」がある顔っていうのがあるでしょ。歌舞伎の市川海老蔵なんか、芝居はイマイチだけど、顔がよくて華があるから売れてるのよ。

同じ「はな」でも「花」のほうだと、たとえば、ＳＭＡＰの歌で「世界に一つだけの花」というのがあるじゃない。もう定番のあれよ。

ナンバーワンになるのは難しいけど、オンリーワンにはなれそうな感じがするじゃない。ていうか、**人はもともと、誰もが、一人ひとりが、唯一無二のオン**

リーワンなんだから。

確かに、小さな花もあれば、大きな花もある。色も形も違う。人間もそう。だったら、**自分という花を自分流に生ければいいのよ。そうすれば、たとえ小さな花でも、次第に「華々しく」見えてくるって。**

自分のことで苦労するのは当たり前。他人のことで苦労するのは、自分が選んだってことかもしれない

今時、はやらないかもしれないけど、昔から「苦労は買ってでもしろ」って言うじゃない。もちろん、なんでもかんでも苦労すればいいってもんじゃないよ。

苦労には、自分を伸ばすものもあれば、潰すものもある。いらない苦労なんて世の中にはいっぱいあるし、いらぬ苦労で自分が潰れたら元も子もない。

それでもやっぱり、苦労の一部は自分から望んで買ってる。そういうところもあるんじゃないかな。

自分のしたことで苦労するのは当たり前。他人がしたことで苦労するのは、その苦労を自分が選んだってことかもしれないよ。

大きい苦労もあれば、小さい苦労もある。誰もがみんな、苦労している

私はオバサンの苦労話が死ぬほど嫌い。特に、講演会の女の苦労話は許せない。だって、**大きい苦労もあれば、小さい苦労もあるでしょ**。商人には商人の苦労がある。サラリーマンにはサラリーマンの苦労がある。社長も、平社員も、大人も、子供も苦労する。赤ちゃんだって苦労してんのよ。

誰もがみんな、それぞれがそれぞれに苦労している。なのに、自分の苦労話をいちいち人前で話して、お金もらって、何が楽しいのよ。苦労なんてさ、自分が苦労と思うかどうかだけの話でしょ。自分の胸にしまっときゃいいの。

嘘もつきます、生きるため

酒も呑みます、生きるため。嘘もつきます、生きるため

人生に行き詰まっても、多少の粘り強さや精神力がないとダメだよね。「粘り強さも精神力もなかったら、一体どうすればいいんですか?」って、……人生おしまいだよって、まあ、これはちょっと言い過ぎだけどさ。

でも、いつまでもウジウジしてる人には、私はっきり言うの。「あんた、隅田川のフタ開いてるから、飛び込んじゃえば。いつだって開いてるよ、隅田川は」

この前もメソメソしてるのが来て、「あんな男に何百万も使われて、もう死にたいです」って泣くから、「あんた、隅田川はフタ開いてるよ」って言ってやったの。するとさ、向こうも一瞬考えるわけよ。

「隅田川かあ、川の水も汚いしな、土左衛門（ぶよぶよに膨れた水死体）になるのも惨めだしな、やっぱ、生きてるほうがマシかな……」って。

で、とりあえずお酒呑ませて、ご飯食べさせてあげるでしょ。すると一転、「あんな男、こっちから捨ててやります」とか、コロッだよ。強いよね、女は。

まあ、酔って食べてお腹が膨れりゃ、たいがいは嫌なことも馬鹿らしいことに思える。酒が呑めて、ご飯が食べられるなら、まだまだやっていけるよ、人間は。

最後は開き直ればいい。いっそ開き直ってみると、想像してた以上に自分には粘り強さも精神力もあるってことがわかるよ。

私なんか、開き直るといつもこう言うの。

「酒も呑みます、生きるため。嘘もつきます、生きるため」

今までの付き合いに「さよなら」したら、新しい「はじめまして」を見つけりゃいい

いくら気を遣っても、こっちの思いをわかってくれない人はいる。だとしたら、「はい、さよなら」でもいいでしょ、場合によっては。

お釈迦様も、「縁（えん）なき衆生（しゅじょう）は度（ど）し難（がた）し」って言ってるじゃない。「あんた、ドブ落っこちるよ」って注意したって、どうしても自分から落っこっちゃうのは救えない。そういう人、いっぱいいるでしょ。

でも、それはしょうがないよ。人生の半分ぐらいは、「はい、さよなら」だよ。「はい、さよなら」して、いつかまた、「まあ、久しぶり」と再会できたらそれもいい。これっきりなら、それはそれでいい。

「さよなら」の後の、新しい「はじめまして」を見つけたらいいだけよ。そう思うと、なんか楽になるでしょ。

自分のほうに能力があると思ったら戦え。ないと思ったら、しょうがないから従え

お嫁さんとお姑さんの確執話があるのよ、女の戦じゃないけどさ。浅草の某老舗料理店のおかみさんの話。その人は華やかで美人だし、嫁に入って結構うまくやってんじゃないかなあって思ってたわけよ。ところが、泣いて私のトコに来た。「辛いわぁ〜、悔しいわぁ〜」って。だから、私、言ってやったの。

「よく考えな。あんたがじっと考えて、お姑さんより自分のほうが能力があると思ったら、戦え。ないと思ったら、しょうがないから従え」

人生って勝ち負けに左右されるものでしょ。少しは戦う精神がなきゃ。この人に勝てると思ったら、とことん戦う。

「おかみさんが言うように勝ち負けにこだわりました。だけど、それでも負けたら一体どうすりゃいいんですか？」って話になったら、……うーん、そん時は、ウチの店、浅草の十和田においで。蕎麦の一杯くらいはごちそうするよ。

失敗して反省したら、反省した自分を自分で褒める

何かコトを起こそうとすれば、その先で必ずといっていいほど戦が始まる。戦だから勝ち負けがついて回る。負ければ当然、挫折ってことになる。

問題は、挫折からどうやって立ち直るかってこと。

浅草の六区に電気館ってビルがある。ここは以前、高級老人マンションだった。歓楽街六区のド真ん中に老人マンションが建つのは、いかがなものかってことで、

私たちおかみさん会は老人マンション建設計画に反対したの。で、当時の区長とやり合ったわけ。熾烈な喧嘩をした。ホント、敵を殺してやろうかと思ったくらい壮絶だったね。プラカード持って建設反対運動してたら、逆に追い詰められてさ。スパイみたいな見張り役なんか張り付けられたりして。かなりしんどい思いをしたけど、負けたのよ。あれは大きな挫折だったな。

「町のこと考えて一生懸命戦ったのに、負けた、悔しい、この野郎！」

初めのうちは相手への恨み節ばっかり。しばらくして少しずつ冷静になってくると、ようやく自分自身へ目が向き始める。

「ちきしょう、何年も損したなあ、うーん、おだててうまくやっとけばよかったかな。自分を抑えられないから、私も甘かった。急がば回れってホントだな」

そう深く反省した。自分で自分に言って聞かせた。至らなさや甘さを受け入れて、反省できた自分を自分で慰めた。そしてその後、

「お前、よく自分のダメなところを認めたな、偉いぞ。負けは負けだけど、次に進むための糧が得られたじゃないか」

今度は、自分で自分を褒めてやった。もうね、**挫折した時は、反省して、自分で自分を「慰める」。で、その後に必ず自分で自分を「褒める」。ここが大事よ。反省できた自分を褒めないから、後悔が生まれるのよ。**

「反省しても後悔するな」って、よく言うじゃない。**後悔を引きずらないためにも、挫折したら、自分で自分を慰める。そして、自分を褒めなさい。**

その六区の老人マンションの現在だけど、結局、場所が合わなかったのね。マンションとは名ばかりで、ほとんど雑居ビル状態。建物自体も転売に転売を繰り返し、今は私の知り合いの貸しビル会社が所有してる。

やっぱり、私たちが反対したことは正しかった。

だったら、この機をチャンスに変えよう。知り合いの会社に掛け合って、ビルを建て直してもらって、街のために役立つ新しいビルを作ろう。

苦節二〇年を経て、また錦の御旗を立てる時が来たわよ。

転んだら、地べたから世の中を見上げてごらん。今までとは別の世界が見えてくるよ

「頑張った、うまくいった。お前よくやった」と自分で自分を褒める。ところが、調子いい時がしばらく続くと、次第に自分がチャンピオンみたいな気分になったり、万能感みたいなものが生まれたりするでしょ。で、必ず落とし穴にハマるわけ。でもね、穴に落っこちたほうがいいのよ。

穴に落ちたら、必死にもがいて上がろうとするじゃない。そんな時にふと上を見上げると、視線の先にはどこまでも青い空が広がっている。そこで初めて、「あれっ、空って、こんなに青くて広かったんだ」と気づくのよ。当たり前なんだけど、そんな当たり前のことすら忘れちゃうのよ、自分に驕りがあると。

上から目線だった人間が下から目線になった時、世の中がどう見えるか。周りの人間たちがどんなふうに見えるか。自分の心がどう変わっているか。

地べたから見ないと気づかないことが、世の中にはいっぱいあるのよ。

嫌われたくないって精神は払いのけなきゃ

男の人は変にプライドがあるからダメなのよ

「おかみさんと一度話したいと思ってました」と言って、若い子たちが私を訪ねてきたことがある。町おこしのことで相談があると。

話が始まって早々、「どうして、上の人たちはわかってくれないんだろう」みたいなこと言い出しちゃってさ。よくよく話を聞いてみると、どうも親父連中とうまくいかないらしいの。町おこしのいいアイデアだと思って提案しても、親父たちはことごとく否定すると。「そんなことして、みんなに迷惑かけるな」って潰されちゃうわけ。こういう話を聞くと、私なんかは思っちゃう。

「男の人は変にプライドがあるからダメなんだ」と。

私も散々やられてきたからね、特に男の人たちからは。

親父たちよ、変なプライドを持つくらいなら、ケツを持て

結局、世間体ばかり気にしてんのよ、親父たちは。もし若い子たちが失敗したら自分たちも恥をかく。周りに格好がつかない。それが嫌だから若い子たちのアイデアを潰そうとする。こういうのが後継者問題の欠点だって。

世間体を気にする旦那衆は変にプライドだけは高いからダメ。

だから私は若い子たちに言ってやったの。

「あんたたちは地位も名誉もないんだから、ダメでもともと、やりなさい。応援できることはしてあげる。私がケツ持ってやるよ。もし、誰かにイチャモンつけられたら、十和田のおかみの名前を出しな」って。

自分のことを信じて頼ってきた人間のケツは持ってやる。それが、人の上に立つ者の役目でしょ。いざという時にケツを持ってやる年上の人間が、若者たちの拠りどころになるのよ。

親父たちよ、変なプライドを持つくらいなら、ケツを持て。

嫌われたくないって精神は払いのけなきゃ

今の若い人が一番いけないのは、「こんなことしたら嫌がられるんじゃないか」って、勝手に解釈するところよ。私だって言い過ぎちゃったりもするけど、「いいや、ダメでもともと」と思うようにしてる。

上っ面の言葉使って、いい人ぶってるだけじゃ、人生ダメだよ。嫌われてもいいから、ちゃんとしたことをズバッと言うべきよ。

悪口だって聞こえるように言えばいいの。その代わり、陰口は言わない。嫌われてもいいけど、恨まれちゃよくない。

でも、**「人に嫌われたくないって精神」は払いのけなきゃダメ**だと思う。「嫌われたっていいや」ってくらいの楽観的な根性を持たなきゃ、若いうちは。

人の顔色ばっかり見てもいいことないよ。他人の顔色ばかりうかがうヤツは、顔が貧相だもん。

嫌われてもいい。ただし、認められないと意味がない。ちゃんとしたことを何か一つでもやらないと、誰も認めてくれない。

私がよく「形(かたち)に残るものを何かやれ」って言うのは、そういうこと。

「正論吐いて、嫌われて上等」

「正論吐く奴は嫌われる」って言うでしょ。当たり前よ、正論は痛いんだから。間違ってる連中の急所を突くんだから。痛いトコ突かれてまともな反撃ができないから、「みんなで一緒に正論を嫌いましょう」みたいな陰湿な態度に出るのよ。

そんな仕打ちを受けた時こそ、堂々としなさい。「正論吐いて、嫌われて上等」くらいの気持ちでいりゃいいの。

「正しいこと言ってるのに、どうして周りは認めてくれないんだ」ってトコから若者の人生は始まるのよ。

自分は正しいと思っても、他人はそう思ってないことなんて、しょっちゅうあるんだから。それでも自分は正しいと信じてやってくんだよ。若者はそれでいい。

何もしない子よりも、した子のほうが断然いいの。いい子いい子は、どうでもいい子なんだから。

「私には敵がいません」なんてヤツは、使いもんにならない

前にさ、「私には敵がいません」なんて言った人がいたけど、あんた馬鹿か？って。私は付き合わないよ、そんなの。

「私のいいとこは人に嫌われないところです」って、あんた本気で言ってるの？「私はなんにもしません」って言ってるのとおんなじだよ。

役者なんかでもそうでしょ。別にいい人だから、いい役者ってわけでもない。

昔、ある大女優がこんなことを言ったらしいね。

「いくら性格がよくても、芝居が下手な人、私、大ッ嫌いっ!!」

ほんと、そう思うよ。役者も商売人も、サラリーマンだってそう。

信念を持って、正しいことをしようと頑張る人間の前には、必ず敵が現れる。頑張ってる人間ほど嫌われる。そういうことはよくあるでしょ。

頑張ってない人間ほど、頑張ってる人間に嫉妬するのよ。だから苦しまぎれに「あいつは性格に問題がある」とか言うわけ。

敵がいる人間、嫌われる人間は、できるヤツ、使えるヤツだと、私は思ってる。

超一流のヨイショのプロになれ

世の中には、ケツ持ってくれる人が少ないでしょ。でも、必ずいるはずよ。だから私は若い人たちに言うの。いろんな場所に出かけていって、「先輩」とか「先生」とか「社長」とか言っておだてろって。**「ヨイショのプロになれ、人脈作りをしとけ」「根回ししといてからバッと切り込め」「ノーって言えないような段取り組んでうまくやれ」「王手、からめ手、攻めてやれ」ってな具合。**

ところがさ、いきなり自分の考えだけでやるでしょ、若い人は。

やっぱり若い人も「腹芸」ができなきゃ。ただ、こればっかりは経験を積まないと、なかなか難しいかもしれない。

腹芸は単純な芸事じゃない。ある程度生きないと身につかない。何度も恥をか

いたり、悔しい思いをして身につけてゆく。人間が生きていくための芸だからね。

別に、舌が二枚にも三枚にも
増えたっていいじゃない

最近じゃ、あまり馴染みのない言葉だけど、昔はよく「あいつは腹芸がうまい」とか言ったりしたのよ。

腹芸っていうのは、感情を顔や態度に出さず、腹ん中に収めること。

私なんかも若い時は、誰かれかまわずワーワー言って、「はい、それでおしまい」みたいなことがよくあった。言いたいこと言ってスッキリするけど、結局、何も残らない。でも、それだけじゃ芸がない。嫌いな人間も味方に取り込まなければならないことがある。そんな時に腹芸が利いてくる。

生き抜くには、腹芸と二枚舌よ。別に、舌が二枚にも三枚にも増えたっていいじゃない。舌が増えた分だけ言い方や伝え方も変わる。すると無駄な口喧嘩だって減る。その分、他人への恨み言も減るわよ。

人生は月謝、失敗も月謝

人生、月謝を払ってんのよ。失敗も月謝、何事も月謝

うまくいかなくても、「人生、月謝を払ってんだ」と思ってやんなさい。**失敗も月謝、何事も月謝よ。**「恐れないでやれ」ってことを私は言いたいの。

いいことやってりゃ、必ず誰かが見ててくれる。

昔、上野の渡部平八郎さんにビシッと言われた言葉。「お前たち、浅草の女だろ。浅草の女はやると言ったらやるんだ」。今だったら、「何言ってんの、ちゃんとやってるわよ」って思うけど、若かったからね。その言葉を真正面から信じた。**誰かを、何かを、真っ直ぐに信じるっていうのは、若者の特権なのよ。**

世の中にはいい先輩もいるわけだから、一生懸命やってれば、きっと出会える。

そういういい先輩に出会ったら、その人を真っ直ぐ信じて、教わるのよ。

走り出せ、やっちゃえ。やっちゃえば、後はどうにかなる

コロナ最初の緊急事態宣言で、浅草全体がどん底になってた時よ。金子君（株式会社金福商店・金子亮平さん）という青年が、クラウドファンディングをやろうとしたのね。ところが、どこ行っても叩かれた。浅草の組織とか称するものに。

金子君の店は駅から少し離れてて、その地区には奥浅草観光協会があるのよ。彼はまずはそこに連絡してＯＫもらったのね。その後に浅草の諸団体に連絡したら、全然相手にされなかったと。

それでどうしたかというと、東京メトロにお願いしに行ったらしいの。すると、メトロの担当者が最初に言ったのが、「十和田のおかみさんの許可は得てきましたか？」だって。その後、彼は恐る恐る私んトコに来たのよ。私は別に顔役じゃないし、「私に話を通せ」とかヤクザみたいなことは言わないけどさ。

金子君のおじいさんは墨田区小村井（おむらい）の人で、すき焼きの今半によく通ってた。おじいさんもまだ若くて、ダンディでね。「今だから言うけど、あんたのおじいちゃんは今半さんのボーイフレンドの一人だったのよ」って教えてあげたの。

こういう「縁」ってものがあることに、彼は驚いたと思う。元ＮＨＫの宮田輝さんが「ご縁を大切に」って言ってたけど、人と人が出会うからには、そこには必ず「縁」があるのよ。

金子君から話を聞いて、息子の龍司を紹介した。龍司は政治家だから、都議会の人間に繋（つな）いで根回ししてあげた。そしたら、掌（てのひら）返しですべてがうまくいっちゃったのよ。こうなると、誰を信頼すればいいか、彼にはもうはっきりしたよね。

彼はどこへ行っても叩かれた。それでもめげずに動いて、私にたどり着いた。結論としては、「**走り出せ。やっちゃえ。走りながら考えれば、後はどうにかなる**」ってこと。それを若い人たちに教えたい。思ったことをやってみて。やってやって、一生懸命じーっと考えれば、扉を開けるアイデアが出てくるのよ。

話半分で満足しない。「話全部」じゃなきゃ、つまらないでしょ

何かやろうと思い立ったら、まずは「やる！」と口にする。次に、内容を周りに話して回る。そうやって自分を逃げられなくするのよ。

私が何か「やるよ！」と宣言しても、周りは、「また、おかみのアレが始まったよ」と話半分くらいにしか聞いてないことも多い。でもさ、やれば必ず結果はついてくるって。だから実現に向けて頭を捻(ひね)って、人を巻き込み、行動を起こす。

話半分で満足しないこと。

前向きな気持ちと反骨精神で、息切れするくらいまでやってみる。そうやって実現したら、話半分だったものが「話全部」になるでしょ。だって、**「話全部」じゃなきゃ、つまらないでしょ。**これよ、これ。

三人いれば、なんとかなる。三角形を作れば、そう簡単には崩れない

コトを動かすには、自分以外に二人くらいは信頼できる人間がいないと難しい。後ろ向いたら誰もいない、っていうのはダメよ。ほんとにできない、一人じゃ。だから私は若い人たちにいつも言ってる。「三人いればできる」って。

この私の持論は、息子の龍司とも相通じるところがある。ある時、「三人いればできる」論を、親子でちょっと話してみたのよ。

龍司「正確には、『一人の下に三人付くと、宗教が成り立つ』ってこと」

おかみ「何よ、私なんか成り立ってるじゃない」

龍司「真ん中に自分がいて、助けてくれる人が三人ぐらいいれば成り立つ。だけど、本当の仲間じゃないと、動く時は一人で動かなきゃならない。口では助けてくれるとは言っても、周りからワーっと言われると、みんな引いてくわけですよ」

おかみ「だから私の持論よ、三人いればできるって。講演でいつも言ってるよ」

龍司「**三人ならバランスは保てんのかな。三人だと二対一になることもあるけど。三角形なら支え合えるし、二人がワーワー言っても、一人が調整役すればいいし**」

おかみ「あんたは商人の子だから調整役がうまいのよ」

龍司「これからは女性だからできることって、たくさんあると思うんですよ。ただ、今時の若い女の子って、正論だと思ってガンガンやるじゃないですか。でも、それは結構、難しいですよね」

おかみ「私が若い頃一番困ったのは、**正しいことが正しいって通らない壁に突き当たったた**わけよ。これで随分苦労した」

龍司「だから、**ちょっと曲がりながらうまくやっていく方法もある**って思うけど」

おかみ「**根回しとか腹芸なんかにも気がつかないと、女の子のやることは成功しないよ。いまだに男社会なんだから。男も女もそう。正しいことが正しいって突き破れないんだから。要は、そこで少し気がついて、仲間作りをしなきゃダメ**よってこと」

龍司「若い子たちがあと一〇年くらい頑張って、その頃、僕らより上の人たちはいなくなって、ちょうどいいよねって思うんだけど、ただ、今僕らが先頭切ると上のほうの人たちは、おもしろくなくなってくるし、やれ『俺たちを追い出すのか』って始まるから。おかみさんだってそうじゃないですか、僕がなんかやると嫌がるけど、孫だと許すじゃないですか、歳が離れてるから（笑）」

おかみ「………（下を向いて押し黙る）」

龍司「孫に近くなると見る目が変わるし、まだまだ子供だな、みたいな感じで許してやれるし（笑）」

心の持ちよう一つで あんたはひっくり返せる

どんな時でも前に進めば、拾う神は現れる

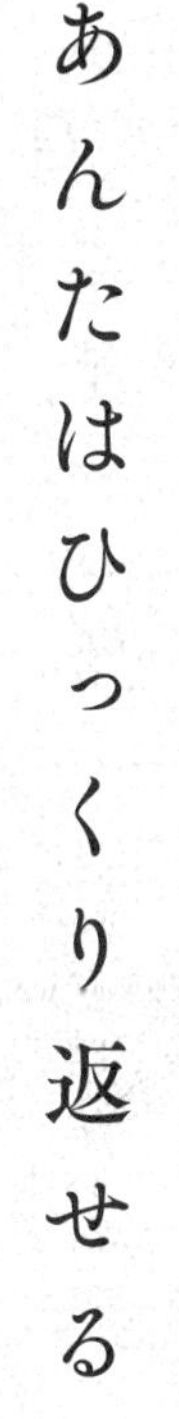

私の嫁ぎ先は和菓子屋（菊水堂）だったけど、時代とともに和菓子もケーキに押されるようになってきた。このまま座して死ぬのを待つわけにもいかないと、一大決心で蕎麦屋へ業態転換をした。そしたら、店も盛り返してきてね。

その頃、旦那は芸者遊びが高じて、馴染みの芸者を自分の二号さんにしちゃってた。そうなると、糸の切れた凧みたいに全然家に帰ってこない。何を考えたか、彼女とスパゲティ屋なんか始めたりして。「女房が蕎麦なら、旦那はスパゲティ」。麺類対決するつもりだったのか知らないけど、結局失敗しちゃってさ。

そしたら、二号さんが私に泣きついてきた。旦那が蒸発しちゃったっていうの。それで、私と弟の秀夫さん（仲見世飯田屋、壱番屋社長・飯田秀夫さん）が話をつけに彼女のもとへ行った。文句の一つも言ってやろうかと思ったけど、彼女はワンワン泣きじゃくるし。文句言うどころか、二人とも持ってた有り金全部置いてきたわよ。秀夫さんなんか、「彼女が可哀想だよ」とか同情しちゃって。結局、私たちは義理と人情と心意気で動いちゃうのよね。ちょっと底が抜けてるけど。

旦那のことで警察にも相談しに行ったわよ。でも、警察の人は「ああ、おたくの旦那さんですか。たぶん、三社祭の頃には帰ってくるでしょう」なんて呑気なもん。すると、本当に祭りの前に旦那が帰ってきたからね。警察も慣れてるよ。

そうやって好き勝手してきた旦那も、昭和五三年に四六歳で亡くなった。

旦那が亡くなって数年経った頃だったかな、ホテルニューオータニの社長・大谷米一さんがウチの店にふらっと来たのは。

もともと大谷家は浅草と縁が深い。大谷さんのお父さん（ニューオータニの創業者・大谷米太郎さん）は浅草観光連盟の初代会長だったたし。

旦那が死んだ後、旦那の彼女を私が少し援助してたの。その話が花柳界でちょっとした評判になってた。大谷さんは私に興味を持ったらしく、直接会いにやってきたってわけ。

ウチの蕎麦を食べた大谷さんは、すごくおいしいって褒めてくれてさ。昭和五五、五六年頃、ホテルでは模擬店を出すのがはやってた。「ニューオータニに十和田の模擬店を出してもらえないか」と依頼してきたの。「やったことない商売するのヤダな」と一瞬思ったけど、その時期は六区再開発計画でスポンサー探しの真っ最中だったからね。ここで大谷さんの依頼を断ったらマズイと思って、やるっきゃないの精神でお受けした。

慣れない商売だから必死にやったのがよかったんだね。大谷さんとの信頼関係ができ上がり、後に大谷さんの出資によって、六区再開発事業のシンボル、浅草ROXが誕生したというわけ。

どんな時でも前に進んでいれば、拾ってくれる人もいるのよ。

自分というのれんの値打ちを上げる

ある日突然、旦那から、手紙が送られてきた。封を開けたら、東京駅のコインロッカーの鍵がポトンと落ちた。イヤーな予感がしたわよ。案の定、ロッカーに入っていたのは、借用書の束。しかも山盛り。もう体が震えたわよ、私も。テレビドラマなら、手紙の中に離婚届なんかが入ってるんだろうけど、私の場合、借用書の束が入ったコインロッカーの鍵だったというオチ。

まあ、そういう旦那の面倒を私は一切合切引き取ったけど、今の若い人なんかに言わせれば、「信じられないわっ!」って話になるんだろうね。でもその時私は、「旦那」と「のれんと従業員たちの生活」、どっちが大事か考えたのよ。

旦那を取る人は取ればいい。だけど私は、**のれんと、従業員とその家族を取った。のれんを守る道を選んだの。**

ピンチになった時、必ずしも巻き返せるわけじゃない。けど、私の場合、**人脈**

がピンチをチャンスに変えてくれた。旦那が外で遊び回っていたおかげで、女房の私は評判が上がったわけだし。それがきっかけで大きな人脈にも繋がった。遊び人の旦那が、私とのれんの名を上げるのに一役買ってくれた面もあったのよ。

あの当時、**浅草では「旦那が死ぬとビルが建つ」**と言われてたのよ。いかに旦那たちがお金を使ってたかってこと。ウチだってそう。今と時代は違うけど、あの頃は旦那が死ぬと、みんなビルが建ったわよ。

浅草は女がいなきゃ成り立たない。浅草出身の役者、沢村貞子さんが言ってた台詞(せりふ)が象徴的よ。「浅草は女が泣いてちゃご飯が食べられない」。

ピンチが自分の人生を養う

「人生最大のピンチってなんでしたか?」って聞かれてもさ、答えようがないよね。

だって、二三歳で結婚した時からずっとピンチだったでしょ。でも私、自分でも不思議なのは、ピンチで困ったと感じないの。早くここから抜け出ようとしか考えない。これまでピンチって全然思ったことがない。

正直、ハタから見りゃ、今だってピンチでしょ。コロナだ、借金だ、高年齢だ、って。こんなときに大切なのは、「とにかくここを切り抜けなくちゃ」っていう姿勢ね。

給料が遅配してる店に嫁いで、その状況を早く抜け出したかった。だから目の前の問題に集中した。銀行に返済を引き延ばすための言い訳なんかしちゃってさ。今と違って、当時お世話になってた銀行の支店長たちも返済を待ってくれたしね。

私の場合、**問題を解決しながら、自分の人生を養っていったん**じゃないかな。そのせいか、苦労を苦労って感じたことがない。

確かに、旦那のことではいろいろあったけど、逆に学習したわけでしょ。**苦労っていう学習**をしたわけよ。でも、その時は苦労だなんて、ホント思ってなかった。「どうすればいいだろう」って前向きに。それだけ。

目の前の問題を片づけようと思ったら、人間は前向きになる。

私は、自分を可哀想とか惨めだって思ったこと一回もないの。困ってる時、人をうらやましいと思ったことも一度もない。

要は、心の持ちようだと思うのね、人生って。

自分が貧乏だとして、辛いと思うのか、いい経験と思うのか。心の持ち方次第で、人生の進み具合も大きく変わってくる。

あの頃は、早くこの状態から抜け出そうって、毎日一生懸命だったな。すると、いつの間にか、仕事が来るようになって。

努力してると、人は輝いて見える。輝いてる場所に、みんな集まってくるのよ。

怪文書が出たら一流

苦労を乗り越えたって、辛いことや嫌なことはやってくるわよ。私にもいっぱいあった。あの野郎、殺してやると思ったこともある。

「今祝死年（イマスグシネ）」とか陰陽師みたいな名前で年賀状が届いたり、「浅草寺のライトアップで照は金儲け」という怪文書が商店街にバラ撒かれたり。そういえば、最近出てきたのよ、それが。今見ると凄いよ……（不敵な笑み）。

私はいつもこう言ってるの。

「**怪文書が出たら一流。出ないうちはまだ一流じゃない**」

怪文書って、だいたいが事実の捏造でしょ。そんなものに、いちいち落ち込む必要はない。私も初めは「チキショー！」って思って周りにも相談した。怪文書には、事実もあれば事実じゃないこともあった。だけど、読んでるうちにだんだん馬鹿らしくなったの。

「浅草寺のライトアップで照は金儲け」とかって、儲かるわけないでしょ。私も金出してんだから。じゃあ、自分は一円でも出したのかって、出すわけないよ。こいつが出せるのは、せいぜいがつまらない怪文書程度と思ってりゃいい。

結局、有名税だと思ってかわすことにした。有名税は嫉妬の裏返しだから。

巷（ちまた）では問題になってるけど、ＳＮＳでの誹謗中傷がひどいみたいね。攻撃されると痛んじゃう人も多いって聞くし。命を絶つ人もいるわけでしょ。同じような経験をした身としては、なんだか放っておけない気にもなるのよ。だから、もし辛いことがあったら、私のことを思い出してごらんよ。少しは気が楽になるって。

嫉妬されるってことはね、それだけ魅力と精神力があるに決まってるじゃない

怪文書が出たら、「クソ食らえ。悔しかったら、怪文書が出るくらい大物になれ」って。SNSに悪口書かれたら、「お前もネットに書き込まれるくらい有名になれ」って。そういう堂々とした気持ちになってみてよ。

「あなた、怪文書で大変ね」「あんたも出してもらえるくらいになりなさいよ」「私はそんな人間じゃありませんわ」「怪文書の一つも出ないようなら、あんたも一流じゃないわね」

私なんか、こうやって嫌味を跳ね返しちゃう。怪文書が出るくらい人気者なんだから、立派なもんでしょ。

「SNSにこんなこと書かれるんだから、私はダメな人間なんだろうな……」って、そうじゃないの。あんたは注目されてる、気になる存在なのよ。

嫉妬されるのはね、それだけ魅力があるってこと。だから、精神力だってある

に決まってるじゃない。ウロウロしないで自分を信じることよ。

要は、心の持ちよう、心の置きどころ一つだよ。心を前向きに持つか、後ろ向きにするのか。どう考えたって前向きでしょ。

自分が正しければ、ウロウロしない。じっとしてれば、人の噂も七十五日よ

ざっくり言うと、すべては精神力だね。今の子は、いろんな経験して叩かれるということも少ないみたいだし。だから会社入ってちょいと上司に怒られて、すぐ辞める。そういう子は、ちょっとしたことですぐ萎えちゃう。

大事なのは気持ちの訓練。それが今の子には足りないような気がする。だけど、**精神力って、誰にでも育ってるんじゃないのかな、多少なりとも。肝心なのは、育ってる精神力の使い方なの。**

もちろん性格も関係ある。私はガキ大将で喧嘩も強かったから、精神力で乗り切れた。でも、そうじゃない人は、友達に相談するもよし、警察や弁護士に相談するもよし。

半沢直樹の一〇倍返し。あの精神で闘えって。「三人いればいい」って前にも言ったでしょ。半沢直樹だって一人や二人は後に続くのがいるんだから。

新聞だってテレビだって、すぐ忘れちゃうじゃない。人の噂も七十五日だって。昔の人はいいこと言ったよ。だから**ウロウロしないこと。自分が正しければ、ウロウロしない。じっとしてれば、人の噂も七十五日よ。**

私だってさ、区長と喧嘩した時は悔しくって布団かぶって泣いたりもしたよ。それでも反骨精神で踏ん張った。やっぱりね、闘う精神がないとダメ。ダイエーの中内さんなんか、終戦後に肉売ろうとしたら短刀突きつけられたりしたっていうし。そんな時、「よう切れますなあ」とか言ってかわしたのよ。短刀突きつけたって殺しゃしないんだから。

脅(おど)す連中は損得勘定で動いてんの。だから、割に合わないこと、自分が不利になることからは手を引くもの。そういう空気を読めるようにならなきゃ。泰然自若(たいぜんじじゃく)よ。

自分の人生は檜舞台だと思え

人生ってね、檜舞台よ。

歌舞伎にたとえれば、誰が團十郎か、誰が菊五郎かってこと。

自分の人生は檜舞台だと思って、思う存分やってみなさいよ。

何かをやると決めたら、やり始める。やり続けるうちに何度も壁に突き当たる。正しいことやってるのに、どうして通らないんだろうって壁に突き当たる。そのたびに壁をぶち破っていくと、ぶち破った壁の先に広い道が続いてんのよ。

自分が主役か脇役かなんて、どっちだっていいの。せっかくの檜舞台なんだから、信じるままに人生の舞を舞えばいい。

ただし、必死で舞うの。そうすれば、自分にしかできない役を必ずつかめるから。

人生にはさ、一回や二回はチャンスが来るのよ、誰にでも。

彼女はまだ鴨川にいるのかな？

　息子の龍司はさ、優しいよ。もう馬鹿みたいに親切。だって、父親の二号さんのことまで気にかけてるんだから。あれにゃ驚いたよ。
「お母さん、彼女はまだ鴨川にいるのかな？」とかって心配してんだもん。

　ウチの旦那が死んだ後、芸者の二号さんは鴨川に行っちゃったみたいなのよ。でも、ずっと盆暮れには手紙が来てた、鴨川消印の。それがある日ピタッと来なくなった。それを龍司は気にかけてたみたい。

　思い返せば、龍司や浩子が子供の頃から「ウチののれんだよ。もし彼女が困ってたら、面倒見てやりな」って私がずっと教えてたからね。
　私が家にいない時、旦那がふらっと帰ってきて、二号さんと一緒に浩子と龍司を椿山荘のプールに連れてったらしいし。子供たちには、彼女との思い出みたいなものがあったのかもしれない。

第4章
人を
動かし
嵐を呼ぶ
人づきあいの
凄知恵
人づきあいの
悩みは尽きない。
よりよく生きる
おかみ流のコツ

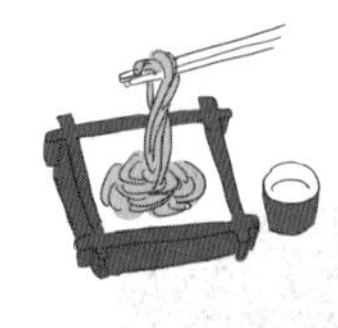

頼まれごとを受ければ、人が集まってくる

悪口は聞こえるように言う。陰口は言わない

　町おこしには何かとお金がかかる。事業やイベントの規模にもよるけど、ある程度の規模になれば、スポンサーに寄付をお願いしなきゃならない。快く寄付してくれる会社もあれば、頑(かたく)なに断る会社もある。断られることも多かったりする。だけど、断られた時に意外とおもしろい出来事に遭遇することがあるのよ。

　その昔、浅草の六区再開発事業でスポンサー巡りをした時の話なんだけどね。以前から付き合いのあったイトーヨーカ堂の伊藤雅俊社長（現・セブン＆アイ・ホールディングス名誉会長）に頼みに行くことにした。ヨーカ堂発祥の地は足立区千住。だけど、元をたどれば伊藤社長の叔父さんが浅草に開いた「洋品店羊華堂」が起源なの。ヨーカ堂は浅草とは縁が深いのよ。だから、まずは伊藤さんのトコへ行こうと。

ところが、伊藤さんは出来はいいんだけど、マニュアルに忠実なのね。私も粘ったんだけど、残念なことに伊藤さんは首を縦に振ってくれなかった。

そこで、「東のヨーカドーがダメなら、西のダイエーだ」ってな変わり身の早さで、ダイエーの中内切さんを頼ったの。

そもそも、中内さんとの縁ができたのは、六区の常盤座でニューオリンズジャズのイベントをした時のこと。興行は大成功で、初日から行列ができるほどだった。実は、公演初日に中内さんが観に来てたのよ。

その時偶然、むぎとろさん（懐石料理店「浅草むぎとろ」の女将・中島生美子さん）が、行列に並んでいる中内さんの姿を見つけた。「会長、あの方、中内さんじゃないの？」と言うもんだから、私は急いで挨拶しに行って、公演が終わった後、中内さんにウチの店まで来てもらったのよ。

お蕎麦食べてもらいながら、私は思い切って伊藤さんに六区出店を断られた話を口走っちゃった。そうなると止まらない。伊藤さんのことを散々言い立ててたわけ。私が商売敵の悪口をまくし立ててるのがおかしかったのか、翌日、中内さんから30万円とお肉が届いたの。

「へぇ、悪口を言うと、ご祝儀がもらえるんだ」って、眼からウロコみたいな……。その時の教訓で生まれた言葉が**「悪口は聞こえるように言う。陰口は言わない」**。

頼まれごとは、なるべく断らない

頼まれごとをされるって、信頼されてる証でしょ。親身になって頼まれごとを解決すれば、どんどん人が集まってくる。もちろん、騙しにくる連中もいるよ。私なんか、しょっちゅう騙されてる。それもまあ、月謝だと私は思ってるけどね。

人のよさにつけ込もうって連中は自然と見極めがつくようになるって。

自分ができる範囲の頼まれごとなら、なるべく断らないほうがいい。後々自分が頼みごとをする時、必ず助けになってくれるから。

普段から人の面倒を見ていると、こっちが困っている時、向こうから人がやってくるのよ。

大きな面倒を見るより、小さなお節介を焼く

人の面倒を見るって、お金が凄くいることだし、その人の人生まで背負っちゃうみたいなところもある。結構責任が重い。だから、**無理に面倒見ようとしないで、小さいお節介を焼くくらいの気持ちでいるのがちょうどいいのよ。**

困った人、私んトコにいっぱい来るじゃない。そのたびにお節介焼いてんの。お節介って迷惑かもしれないけど、本当に困った人には迷惑じゃないの、ありがたいことなのよ。

小さいお節介なら、お金もかかんないしさ、できたらしたほうがいい。そういうのが、いずれ感謝として自分に返ってくる。

大きな面倒は見れなくても、小さなお節介を焼くくらいなら誰でもできるのよ。

おだてて、だまして、がまんして

おだてて、だまして、がまんする

世の中には、気に入る人もいれば、気に入らない人もいるわよ。だから、時には相手をヨイショしておだててみたり、うまいこと言って騙してみたり。でも最後は一人でじっと我慢する。

人づきあいには「**おだてて、だまして、がまんする**」が必要なのよ。そしてこれは、リーダーになるための三原則でもある。私はいつもそう言ってる。

ただし、**おだてるってことは、相手におもねることじゃない**からね。

おだてるのは相手を喜ばせるため。おもねるのは自分をごまかすため。その差は自ずと人相に出てくる。

相手におもねってると、どんどん卑しい顔つきになっちゃう。だから、見てるこっちは笑えない。だけど、おだててる人の顔って、見てると笑えるでしょ。おだてられていい気になってる人の顔も笑えるでしょ。そこの違いよ。

人脈なんて意味ない、とか言ってる人ほど、人脈に頼って生きてるもんよ

「仕事は立場と人脈で決まる」というのが私の考え。だけど一方では、「人脈なんて面倒くさいし、馬鹿馬鹿しい。俺は俺でやってんだ、関係ないね」って若い人もいる。それで通ればいいよ。でも言っとくけど、それだけじゃ通らない。自分流だけでは誰も相手にしてくれない。

困った時に助けてくれる、弱った時に癒してくれる。そういう友達や仲間が一人でもいたら、もう立派な人脈なのよ。人脈って言葉に振り回されなくていいの。友達が一人もいないったってさ、可愛がってるペットとか、好きなアイドルくらいはいるでしょ。そういう相手が一人（一匹）でもいれば上等よ。できたらあと二人（または二匹）は、信頼できる仲間を作ること。そうすれば、なんとかなる。

確かな人脈ができる。

そりゃそうと、人脈なんてアホらしいとか言ってるのに、「今日は誰々さんと食事してまぁ～す」って、有名人とのツーショットをSNSに上げてるのがいるでしょ。なんなのよ、アレ。あからさまな人脈自慢じゃない。

人脈なんて意味ない、とか言ってる人ほど、人脈に頼って生きてるもんよ。

ありがとうは口だけじゃいけない

全国おかみさん会には私の仲間がいっぱいいる。自慢じゃないけど、私は今までそういう人たちに「自分の店の物を買って」とか、何かしてってって、ただの一回だって頼んだことないの。いつも自分が助ける側に回ってた。

でもコロナで初めて、「浅草みやげのお菓子が売れないから買って」と頼んだ。そしたら、みんなが凄い量を買ってくれたの。仲見世の店の売り上げがグンと伸びたもん。人脈に救われるってこういうことなんだと、しみじみわかったね。

私にとって人脈作りで一番役に立ったのは、日本全国に講演に行ったことだと思う。講演に行った先の商工会、市町村で気の合った人たちには、お中元お歳暮を毎年出してる。

「私のこと忘れないでね、忘れちゃ嫌よ」ってさ。そういうふうに細かいお金を使って、人とつながっていることが大切なのよ。

ありがとうは口だけじゃいけないの。出入り口って言うでしょ、入り出口って言わないでしょ。

英語だってギブ・アンド・テイク。テイク・アンド・ギブじゃないでしょ。ここよ、ここ。ここがわかんないとダメ。今はテイク・テイクが多い時代だから。

「義理人情と心意気」を忘れたら、もうおしまい

人生は義理と人情と心意気

私が若い人たちにいつも言うのは、「私にはいいトコも悪いトコもある。いいトコは見習いなさい」と。私なんか欠点だらけなんだから、悪いトコは見習わなきゃいいの。なんでもかんでも私を見習ったら、ややこしい人間になっちゃう。

そういえば、この前も高崎おかみさん会の深澤（高崎おかみさん会会長・深澤るみさん）から電話がかかってきたのよ。

青森の十和田湖おかみさん会に工藤さんって人がいてね。もう九四歳を超えているんだけど、私とはもうずっといい仲間で、コロナが広がってからも野菜をたくさん送ってくれたり、とてもよくしてくれたのよ。その工藤さんがガンになっちゃって。もうさよならかもしれないと思って、飛行機で会いに行ったわけ。

そしたら、どっかで聞きつけたんだね、深澤が電話してきた。

「やっぱり会長、偉いですっ！　これまで頑張ってきた工藤さんのところへ、コロナでもちゃんとお見舞いに行って。私も見習いますっ！」って、電話口で興奮してんのよ。私に怒鳴られて、いつもメソメソ泣いてた、深澤がさ。

やっぱり人間、義理と人情と心意気だよ。**義理と人情と心意気が人の心を動かすのよ。**「義理が廃(すた)ればなんとか……」じゃないけど、ほとんどヤクザの世界だね。私をカタギのヤクザだって言った男もいるけどさ、そうよ。

人生は義理と人情と心意気。庶民はこの三つを忘れたらおしまい。**最後に人間を逆境から救ってくれるのは、義理と人情と心意気**じゃないかって、私は思うよ。

「ネアカ、のびのび、へこたれず」

財界人との付き合いで一番思い出深いのは、やっぱりダイエーの中内㓛さん。

六区にあった欽ちゃん劇場を作ってもらったり、横綱旭富士（現・伊勢ヶ濱親方）の後援会長を引き受けてもらったり。それ以外も中内さんに随分お世話になった。

中内さんと私はあまりにも気が合うもんだから、一緒に仲見世通りに揚げまんじゅう屋も開いた。二人の名前から一文字ずつ取って、店の名は「あげまんじゅう中富」。今は孫が継いでやってるよ。

中内さんは好奇心とチャレンジ精神でいつまでも若かった。中内さんを凄いと思ったのは、阪神・淡路大震災の時だね。震災直後から中内さんが自ら陣頭指揮を執ったの。陸海空あらゆる経路を使って、全国から集めた支援物資を被災地のダイエー店舗にいち早く届けた。

なにしろ、国の動きよりも早かったんだから。「支援物資を乗せたトラックは、緊急時は一方通行を逆に走ったっていいんや」とかゲキを飛ばしてさ。

「スーパーはライフライン」っていうのが中内さんの持論でね。「明かりが消えたら町が死んでしまう」からって、壊れた店舗にも二四時間明かりをつけてた。

当時は物資不足につけ込んだ便乗値上げが横行して、被災者は絶望的な気分になってたらしい。だけど、ダイエーはいつもどおりの値段でお客様に生活必需品を売った。おかげで物価も安定したんだって。この時の中内さんとダイエーの行動に力をもらった、決して忘れないって、神戸の人たちは今も感謝してるそうよ。

震災の時、私もみんなから集めたお金を風呂敷に包んで、中内さんに陣中見舞いを届けに行ったの。部屋に入ったら、電話で中内さんが従業員たちに指示してたのよ。もうすさまじい勢いで。

あの時ほど、「人間のオーラとは凄いもんだな」って感じたことはない。さすがの私でさえ、中内さんに近寄り難かったもん。たった一代でダイエーをあそこまで大きくした創業社長のオーラと人間力の凄みを感じたね。

中内さんの座右の銘は、「**ネアカ、のびのび、へこたれず**」。

私はこれをいつも心の中に持ってる。だから、コロナで落ち込んだりもしたけど、中内さんの言葉を思い出して、もういっちょ勝負かけようと思ったの。

「ネアカ、のびのび、へこたれず」。心は決まった。

闘うとは、自分の中にある弱い気持ち、嘆く気持ち、諦める気持ちと闘うことなのよ

中内さんが「ネアカ、のびのび、へこたれず」なら、私は「勇気、やる気、元気」よ。女は叩かれるから、「勇気がない女はやられちゃうよ、元気がない女は嫌われちゃうよ、本気でやらない女は笑われちゃうよ」って。**「勇気、やる気、元気」は、女だからこそ必要な、女を守るための言葉なのよ。**

中内さんは「闘う経営者」と言われてた。私を「闘うおかみ」と呼ぶ人もいる。闘う者同士、相性がよかったの。反骨精神の塊みたいな二人が握手してる感じ。

今の時代、闘うなんて言葉は、はやらないし、嫌がられたり、怖がられたりもする。だけど、私や中内さんのような戦争を知ってる世代には、生きることは闘うことだという感覚が、どこか体の奥底に染みついている。浅草の町は戦争で焼け野原になった、神戸の町もそう。焼け跡から立ち上がって生きてゆくためには、闘うしか道がなかった。生きるために闘う。そんな時代だったのよ。

「勇気、やる気、元気」にしても、「ネアカ、のびのび、へこたれず」にしても、自分を鼓舞するための闘いの言葉なのよ。

別に争いを礼賛するつもりはまったくないの。**闘うとは、自分の中にある弱い気持ち、嘆く気持ち、諦める気持ちと闘うこと。**自分と闘っている人は、いつも明るく輝いて見えるんだから。

平成四年の旭富士引退相撲のポスター、今も大事に取ってある。旭富士が着けてた化粧回しは、中内さんと私たちおかみさん会で贈ったものよ。

ポスターには、当時スポンサーだったダイエーの名前がでっかく印刷してある。

人がよすぎたね、本当に人がよすぎた、中内さんは。

正しい親切ほど難しくて厄介なものはない

周りのみんなからは「おかみって凄いね、どんな偉い人でも、普通の人でも、おんなじ口のきき方する。そこはすごく尊敬する」って、よく言われんのよ。

確かに、人に対する接し方は変わらないね。相手の立場によって変えることはない。まあ、お客様に対してはちょっとブレるんだけど。一瞬会えば、人の雰囲気って、だいたいわかるじゃない。見間違うこともあるけど、この歳になるとだいたいわかるもの。「この人はどんな程度かな」とか。見た目もあるでしょ。

でも、駆け出しの頃は少しもわかんなかった。だから、失敗したよ。若い時は人づきあいがうまくいかないことが多くてさ。親切がしつこすぎて嫌がられた。私はガキ大将だったから、自分がいいと思い込んだら、周りの人にどんどん押しつけてた。たぶん、嫌がられたことがいっぱいあったんじゃないかな。相手にとって必要かどうか、今ならわかるよ。でも昔は、親切しすぎて失敗。ヨソの夫婦喧嘩のことも、商売のことにしたってそう。相手は嫌がってんのに、「はっきりしなきゃダメ！」とか、しつこく言ってた。

親切が仇(あだ)になっちゃうことってあるでしょ。特に**若い時は、自分が正しいと思ってるから、他人には違う考えがあるなんて思ってもいないのよ。**

正しい親切ほど難しくて厄介なものはないね。

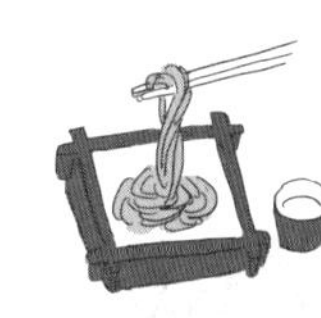

失敗の中に宝がある

**失敗したっていいじゃない。
失敗の中には宝があるんだから**

私ね、騙されるので有名なの。人のことすぐ信用するの。だから騙されちゃう。みんな知ってるもん。「おかみさんは、すぐ騙されるんだからぁ」とか、友人の稲葉さん（浅草商店連合会理事長・稲葉和保さん）にはよく叱られる。

頭のいい人って、疑り深く考えるトコあるじゃない。私は頭が悪いせいか、そんなことはない。で、騙されちゃう。

でもさ、人に騙されることも大事よ。財産失うほどじゃなかったら、騙されたって大丈夫だよ。それも経験。何しようと命までは取られないんだから。また一つ経験したな、って思えばいい。

人間には表と裏の顔があるなんてこと、若いうちはよくわかんない。だから騙されてもいい。若いうちは失うものなんてないんだから。騙されることも人生の財産なの。「私は騙されたことがない」なんて人生、最低だよ。「人に嫌われたことがない」って、いい子いい子は、どうでもいい子の見本だよ。**騙されたっていいじゃない。失敗したっていいじゃない。失敗の中には宝があるんだから。**

自分の人生に味付けをしろ

「人から信頼されるには、どうすればいいですか？」って、結局は、雰囲気っていうか、その人の見た目。最初の「見た目」よ。第一印象、ファーストインプレッション。見た目が九割とは言わないけど、八割くらいはそう。**見た目には面（つら）魂（だましい）が現れる。**

人から信頼を得るための第一歩としては、まずは「自分を売れ」ってことに行き着く。**自分を売るには、日頃からいろいろと味付けをしていかないとね。**

人生にはさ、遊びの哲学っていうのは絶対必要だと思うよ。遊びを知らない人には、艶（つや）がないじゃない。「私は真面目です」って、そういう人と付き合ってておもしろい？　真面目なんて人間の基本でしょ、マニュアルでしょ。真面目という基本があって、そこからどうするか。遊びが一番いいよ。

遊びでも、趣味でも読書でもいい。ひたむきに努力してやる。そうやって自分の味が出てこないと、売り物になることも信頼を得ることもなかなか難しい。

だけど大丈夫、**誰にでも味がそれなりにあるじゃない。自分の味がわからないんだったら、ぶつかって、転んで起きて、それでわかってくることもあるよ。**

失敗して、恥かいて、学んで。そうやって味が出てくんのよ、人間は。

口が下手なら顔芸をやれ。目と顔は口ほどにものを言う

「口下手で人と仲良くなれません。どうすればいいですか？」って、だったら今はやりの顔芸をやりゃいいじゃない。ＴｉｋＴｏｋとかさ、ああいうのやって、

ニコッと笑って、稼ぐとか。

口が下手なら顔芸をやれ。目は口ほどにものを言う、顔は口ほどにものを言う。

それでいいじゃない。口下手だからってさ、お喋りなのが嫌いって人もいっぱいいるよ。私のこと、お喋りだから嫌いだって人もたくさんいる。

口下手なら、心で付き合うのよ。あとは行動で表す。形で表しゃいいじゃない。

口下手って人、世の中にはいっぱいいるでしょ。

口下手でもさ、心があれば、相手はわかってくれるんじゃないの？　わかんないヤツは心がないの。無理して喋らなくていいの。

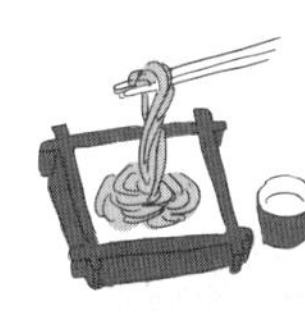

めげずにいれば、生きやすくなる

人との付き合い方にマニュアルなんてないのよ。正解だってない

人と付き合うって言っても、いろんな人がいるわけでしょ。家族とか仲間とか、お客様でも親しく言える人とか、ちょっとプライド高いから気をつけなきゃいけない人とか。相手を見極めながら、ケースバイケースで付き合うしかない。

だいたいさ、人間って、そんなに好きな人はいないよ。むしろ好きな人のほうが少ないでしょ。本当に好きな人って、そういないんじゃないかな。

一生好きって言える人、どれくらいいる？　そういないでしょ。親兄弟だって好き嫌いあるんだから。私だってみんなに嫌われてるトコいっぱいあるわよ。

人づきあいもそうだけど、そもそも、**試験勉強すれば人生の答えが出るっても**

んでもないでしょ。いくつもの「試練」の勉強して、それでやっと答えが出るかどうか。それが人生でしょ。

だから、人との付き合い方にマニュアルなんてないのよ。正解だってない。

人です。人がいればできます

人は最終的に環境の動物だよ。いいにつけ悪いにつけ、環境に左右される。

私なんか、普段から従業員に向かって「コラ、馬鹿野郎!!」とか、しょっちゅう言ってる。

こんな言葉遣いの人間が、いきなり山の手とか行ってさ、「さーザーマスね」なんて言えないでしょ。どうすんのよ、そんなのベロ噛んじゃうよ。

私が息子と喋ってても、慣れない人は「親子喧嘩はやめて!!」とか、あわてたりする。喧嘩してると思うんだね、江戸っ子の会話なのに。これも環境の違い。

ただ、**環境も最終的には「人」よ。人が環境を作る。環境をよくするのも悪くするのも「人」。人をよくするのも悪くするのも「人」なのよ。**

以前、静岡県掛川市長が店に来たことがある。その時市長が、「冨永さん、町おこしとは何か、一言で言ってください」って聞いてきた。

「**人です。人がいればできます**」って私は答えた。そしたら市長が「それは、どういう人ですか？」って聞くから、「山本和子さんです」と答えたわけ。

その後、山本さんに一本の電話がかかってきた。山本さんは一瞬、相手が誰だかわからなかった。「山本和子さんって、掛川おかみさん会の会長だったんですね」って、なんと市長が直接電話してきたらしいの。山本さんも驚いたそうよ。

それからは、山本さんと市長とのコミュニケーションがとてもよくなったとか。コロナ禍になっても掛川おかみさん会はすごく頑張ってる。当然、浅草みやげも大量に売ってくれてるよ。

プライドを捨てたら、めげない自分に変われる

ウチの従業員にイノ吉（浅草十和田・猪口朋彦さん）ってのがいるんだけど、こいつ

なんか、私にしょっちゅう怒られる。「馬鹿、コラ、何言ってんだ、お前なんか死んじゃえ!!」って怒っても、めげない。私がやってることなんか、完全にパワハラ、モラハラでしょ。でも、めげない。

するとめげないでやっているうちに、少しずつ進んでくるのよね。若い連中と一緒にイベントを企画したり、いろんな人と頻繁にコミュニケーションとったりして、少しずつ歩き出してる。

「お前なんか今日で辞めちまえ！」って私に言われても、次の日にはケロッとした顔で現れる。「僕はどんなに怒られても、おかみさんについていきます」って言って、辞めない。いくら怒鳴られても、私を信頼してるから全然めげない。そこがあいつのいいトコよ。めげない能力がある。

「馬鹿、コラ、お前なんか死んじゃえ！」なんてひどいこと言われても、ついてくるヤツもいる。「辞めちまえ！」と言われても信頼できる、「馬鹿野郎！」と言われても好き。そういう上司に恵まれないのは残念だし、運もあるけど、だからってさ、変にプライドが高いのもよくないよ。

人間には、譲れないプライドはあるけど、変に学があったりすると、妙にプライドだけが高くなって、生きづらくなっちゃったりするでしょ。**プライドを捨ててみるのも悪くないよ。プライドを捨てたら、めげない自分に変われるかもしれない。**めげずにいれば、もっと生きやすくなる。

だから、明るく、めげない。

でも、ウチのイノ吉、めげないのはいいんだけどさ、何度怒られてもケロッと忘れちゃうから、こっちが脱力することも多いのよ。そのくせ、本人はもう社長になったつもりでいるんだから、自分が会社起こした気分で。おてんてん軽いのよ。〝極楽とんぼ〟だよ。

お前、金、金、金って言う割に、一番金のない家に嫁に行ったね

旦那のことはそれなりに花柳界では有名だったけど、私に言わせりゃ、間抜けだったと思うよ。だって、誰にもわかるようにやってたから（不倫関係を）。普通はそういうの、わからないようにやるもんでしょ。

けどまあ、健ちゃん、健ちゃんって凄かったね。とにかくモテた。芸者衆にモテてた。踊りはうまいしさ、坂東流だよ。「奴さん」なんか、お家芸でね。

浅草寺の〝金龍の舞〟で知り合って、踊りはうまいし、一人息子で、四間間口の店を持ってて、「こりゃいいな」って思ったよ。

だって、私は女学生時分から「結婚するなら、金持ちがいい。金持ちがいい」って言い続けてた女よ。友達からは「銀行の金庫と結婚したら」とか言われるし、税理士さんにまで「先生、お金持ってる人、世話してください」とか注文するし。だから笑われんの。「お前、金、金、金って言う割に、一番金のない家に嫁に行ったね」って親にも笑われる。

でも、貧乏お嬢様だった私が、旦那のことでちょっと苦労して、いろいろ勉強できたから、人生よかったのよ。

第5章
旗を
立てたら、
走り続けろ
素敵に歳を
重ねる凄知恵
歳をとれば、
その分、
新しい芸が身につく。
老いを楽しむ秘訣

老いてこそ、あっちこっち歩け

歳をとるほどに好奇心が増えるのがいい

最近、歳とったせいか、あまり声が出なくなってきた。だから、詩吟を始めてみようと思ってるの。なんかお稽古ごととかしてないとダメよね、特に年寄りは。詩吟をやったら、うまいこと声が出るかなとか期待してる。もちろん、なめてかかっちゃまずいし、簡単なもんじゃないけど、いいや、チャレンジしてみようと。何かお稽古ごとを始めたら、また新しい仲間ができるしね。

詩吟の教室に通ってるのは、道楽でやってる旦那衆ばかり。みんな私と歳も近い。そこで仲良くなった仲間が、「終わったらみんなでお宅に飲みに行くよ」なんて言ってくれたら、私としてはありがたい（笑）。

人は、歳をとるほどに好奇心が増えるのがいい。

「もう歳だし……」なんて、しおれちゃって、家に引っ込んでることないよ。おもしろそうだなと思ったら、どんどん手を出して、外に出てきゃいい。パソコンでも踊りでも何だってかまわない。旦那と海外旅行に行くのもいい。旦那があの世に行っちゃってたら、外に彼氏を作ったっていいじゃない。家で一日中くすぶって、子供や嫁と喧嘩してるより、外に彼氏を作ったほうがよっぽど上等よ。

犬も歩けば棒に当たるって言うけど、行動したもんが勝ちなのよ。歳とか関係なく、あっちこっち歩いてると、絶対、何か拾いものがあるんだから。

この人には、この人の道がある

昔の講演テープとか聞いてると、当時の私はひどいこと言ってる。「あんたにゃ、無理だよ」とか「とっとと辞めちまえ」とか、よくもまあ、ひどいこと言ってるわけよ。今だったら言わないか、もっとうまく言うかもね。

振り返ってみれば、旦那が亡くなった後、四〇代は借金返すのに必死で、五〇代半ば頃になって「これでなんとかやっていける」と思えるようになり、六〇代になるといくつか実績もできて、怖いものがなくなった。それで七〇代になったら、今度はみんなに怖がられるようになっちゃって、八〇代の今に至ると。

私も老齢の域に入り、人に対する見方が変わった。嫌いな人でも、考え方が全然異なる人でも、**「この人には、この人の道がある」**って思えるようになった。

でも若い時には、そんな見方をするだけの度量がないんだよ。そういう度量があったら、天才でしょ、秀才でしょ。私なんて勉強が特別できるわけでもない。たいした才能があるわけでもない。ごく普通の人間なんだよ。

歳をとったら、嫌でも細かい神経が出てくる

昔と違って、**今は歳とっちゃってるから、嫌でも細かい神経が出てくる。**そうすると、若い頃とは別の立ち回り方や物言いが自然とできるようになるのよ。

たとえば、振袖さんにしてもそう。コロナでお座敷が減って困っちゃって、そ

こで私から振袖さんの会社を引き継いだ田口幸恵さん（株式会社浅草振袖・代表取締役）が考えた。店舗の一部を借りて振袖ショーパブっぽくやるとか、チャージを二〇〇〇円にしてとか、私にはない発想が出てくるのよ。

素直にいいと思うもの、なんにもしないより。若い人が一生懸命考えたんだから、そういうのをどんどん取り入れて、一生懸命応援するの、私は。

若い頃は私もさんざん怒ったよ。「馬鹿言うんじゃない！」ってさ。「あんた、こんなこともできないの？」って。自分が一番だって思っちゃってるのね。

でも、歳とってくると違うのよ。昔はできた「こんなこと」すら、できなくなる。そこでやっと、一歩引くことがわかるのよ。

若い時には簡単にできたことができなくなってからが、人としての新たな成長の始まり。老いた自分を認識してから、また別の進化が始まる。そんな感じかな。

歳をとったら、若い人の意見にも耳を傾ける、
場面も譲る。かといって、おもねらない

私くらいの歳になると身の振り方も考えなきゃいけない。今までやってきたことも誰かに伝えなきゃならない。ただし、後継者育成には最低五、六年はかかる。だから若い人たちをパーティーとかに連れてって人脈を紹介したりするの。

人づきあいするうえでの微妙な感覚とか感性、あとは情報だね。そういうものを伝えたい。ところが、口じゃなかなか伝えられない。体で覚えさせなきゃならない。だから、若い人たちをいろんな場所に連れ出して、私の人脈や知恵を継承させようとしている最中なのよ。

歳をとったら、若い人の意見にも耳を傾け、相手に場面も譲るべし。

かといって、若い人におもねるってことじゃないの。こっちがおもねっていると、相手がつけ上がって道を踏み外しちゃうことにもなりかねないからね。

きちんと道をつけてから、譲る。

「引退しました、はいさよなら」じゃ済まないのよ。

突っ走れ！　老いたら老いたなりの走り方で

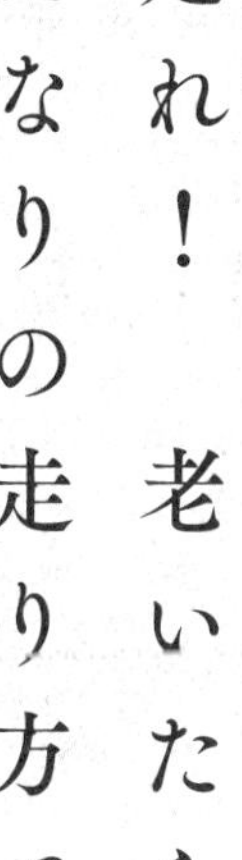

歳をとっても「錦の御旗を立てたら下ろすな」「旗印を作ったら進め」

私は最後に大衆芸能の町・浅草を創りたいの。それが自分の締めだと思ってるけど、それにはお金がいる。だから、まだまだお金持ちと付き合わなきゃならない。浅草に対する使命感、最後のご奉公だね。

もちろん老いは感じるよ、肉体的にも。だからこそ、私は言うよ。

歳をとっても、「**錦の御旗を立てたら下ろすな**」「**旗印を作ったら進め**」。

常に新しい旗印を作らなきゃいけない、人生は。

一回旗印を作ったら、ずっとやれるよ、人間は。

突っ走れ、死ぬまで走れ。**老いたら老いたなりの走り方がある。**

私なんか、八四歳になって詩吟を始めようって言うんだから。歳をとっても自分の錦の御旗を掲げて、やりたいことを自分なりにやるべきよ。そうすれば、人生は楽しい。

弱い人は弱い人なりに旗を立てればいい。旗を立てて、目的をちゃんと決めて前に進むのよ。目的は途中でしょっちゅう変わったっていい。

だけど、**何かをやろうという気持ちを常に忘れないこと。人生、何か旗を立てる。自分の旗を立てて進む。旗の立て方なんか、そのうち自分で気がつくって。自分が何をやりたいとか、そのうち定まるって。**

ここで、あらためて青森十和田湖おかみさん会の工藤タカさんのことを言いたい。

工藤さんは、おかみさん会が協同組合を立ち上げる時からずっと一緒にやってくれた人。十和田湖の乙女の像をライトアップするために国交省に働きかけたり、努力した人よ。私が選挙に出た時も何かと応援してくれた。

この人は今、ほんとピンチなの、全身ガンで。だけどすごく元気、奇跡的だって医者が驚くくらい。

「もういっぺん、私は浅草に遊びに行く。そのために私は頑張る」

工藤さんはこう言ってる。こういう根性、精神力よ。「ネアカ、のびのび、へこたれず」。九〇歳超えて、体中にガンが回ってんのにさ。

こういうのが、旗を立てるってこと。老いたら老いたなりの走り方があるんだってことよ。最後まで工藤さんの面倒見るよ、私は。

環境は自分を訓練する場になるのよ①

旦那の二号さん、愛人の面倒を私が見てたって話をすると、「私なら絶対に許しませんっ！」みたいな感じになる女の子もいる。まあ、それが普通の感覚よ。ただ、私の場合、ちょっと普通じゃないからね、いろいろな意味で。

旦那が死んだ後、ウチはホテルの模擬店とかで頑張って商売はそこそこうまくいってた。それなのに、二号さんが落ちぶれててウチが知らんぷりじゃ、「あそこはなんだ、冷たいじゃねぇか」って言われる。こっちが優勢であっちが落ちぶれてたら、みっともないでしょ、十和田が。だから、のれんよ。のれんが笑われると思って、二号さんの面倒を見たのよ。

でも、彼女も性格のいい人だったから、心情的に助けたいとか、そういう部分はあったね。それだって、下町の育ちだからできんのよ。親子何代と育ってて、周り中のおじさんたちも、みんな二号さんを囲ってたんだもん。そういう環境よ。

第6章
早く
止まり木を
見つけ
なさい
男と女の凄知恵
女も辛いし、
男も辛い。
いい女、いい男に
なるための条件とは

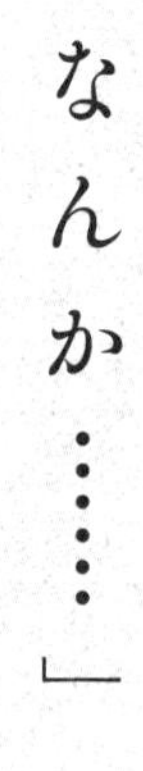

女の「私なんか……」は絶対禁句！

ひとかどになる人の奥さんも、ひとかどの人なのよ

ペンギンのおじさんの話がおっかしいのよ。今も浅草にあるペンギンライターって会社の社長の張替（はりかえ）さんは、女房に内緒で向島芸者の彼女がいたのね。彼女と連絡取る時、昔は携帯なんかないから会社に電話かかってくるんだって。そしたらまた間が悪いことに、めったに会社にいない女房がいて、電話に出ちゃったのよ。

で、おじさんが待ち合わせ場所の上野の凮月堂にノコノコ出かけていったら、「はい、お待ちどうさま」って、彼女じゃなくて女房が現れた、っていう浅草じゃ有名な話があるのよ。

こういう話を聞くと、女房のほうが一枚も二枚も上手って感じがするね。

ホテルニューオータニの初代・大谷米太郎社長の奥さんなんかは、旦那が芸者遊びして帰ってくると、家まで送ってきてくれた芸者全員にご祝儀あげるの。ご祝儀もらえるんだから、芸者からすりゃ気分がいいわよ。

そうやって奥さんは、芸者に機嫌よく働いてもらってた。だから大谷の初代は、どこへ行っても大事にされてましたよ。

奥さんは、人間国宝の中村歌右衛門とか岩井半四郎とかの歌舞伎役者にも、やれ、「お祝いだ、お練りだ」って言って、いっぱいお金使ってた。その割に、私の実家の店（飯田屋）に来ると、一〇〇円のスカーフを買ってくの。旦那を引き立てるために大金は使っても、自分は意外と質素なとこがあんのよね。

私は思うんだけど、**ひとかどになる人の奥さんも、ひとかどの人なんだよ。**旦那が傑物だとしたら、その裏には旦那以上に傑物の奥さんがいるってことなのよ。

修羅場の笑顔で、相手の気勢を削ぐ

昔、向島の芸者衆をからかったことがあるのよ。

「あんたたち、芸ができなきゃ、水割り製造機だ！」って言ってやったの。言い返してきたら倍返しにしてやるぞって待ちかまえてたら、向こうはなんて言ったと思う？

「あら、笑顔の可愛いおかみさん、ウフっ」

にっこり笑って切り返してきたわけよ。もう完全に一本取られちゃった。さすがプロ。おだてられて、逆手に取られて、戦意喪失。こううまく返されると、喧嘩にならない。

この時の芸者の切り返しに私はえらく感心してさ。それからは「笑顔の可愛いおかみさん」を自分のキャッチフレーズにして、店の広告にも出したわよ。

修羅場になっても、笑顔一つで相手の気勢を削ぐことができる。

きっと笑顔には、怒気とか邪気とか、人間の悪い気を呑み込む力があるんだね。向島の芸者じゃないけど、たとえば、会社の上司とかに何か気に障ることを言われたとする。そしたら、ただ言い返すんじゃなくて、相手のことを逆手に取っておだてるの。

ちょっとヤバそうな雰囲気ならなおのことよ。にっこり笑って、笑顔の可愛い人にならなきゃ。そんな人を目の前にしたら、揉めようにも揉めようがないでしょ。揉める気が失せるもの。

「**にっこり笑って、笑顔の可愛い女になる**」

これは人間関係でのトラブル回避術としても非常に効果があると思う。まあ確かに、芸者とか水商売の人たちはこなれてるよ。学ぶところがある。だって、嫌な男を散々相手にしてんだから。

地位や名誉に関係なく頭を下げられるのが、女の強み

女性の能力が発揮できる場面で一番わかりやすいのは、たとえば物事の交渉。

最近こんなことがあったのね。あるお客様がウチの店に大量の注文をくれた。今時そんな大口の取引なんて、めったにない。とてもありがたい話ではあるけれど、入金はちょいと先になる。こっちとしては資金繰りの問題もある。そういう時、男の人より女の人が出ていくと、交渉がうまくいったりするのよ。

「あのう、ウチと取引してる問屋も小さいトコばかりで、みんな前金で欲しいって言っててんですけど、いかがなもんでしょうか……」とか、こういう頼みごとは女性のほうがいいんじゃないかな。

男の人はプライドがあるから、お客さんに前金でくれとか、なかなか言えないじゃない。そういうのを言えちゃうのが女性の強み。

だから、**一般的にはね、交渉事は女性のほうがいい。男性対女性だったら女性が断然有利。女性には変なプライドがないぶん、頭下げるのもあまり抵抗がない。女性は地位とか名誉に関係なく頭下げられる。**そういうトコは男性にはない女性の強みだね。

女が使っちゃいけない言葉は、「私なんか……」って言葉

女のダメなところは、決断力が遅いことよ。

別に細かいことはいいの。ただ、**判断や決断する時、ウロウロしちゃいけない。**

パーティーの席なんかでもさ、「スピーチお願い」とかって言われると、すぐに引っ込むでしょ、女の人は。進んで出ていく女の人ってそんなにいないよね。

そういうところが女の弱点だよ。

女の人がいけないのは、何かというとすぐ、ウジウジ言うところ。それでいて、結局は「やります」とかさ。だったら初めから言わなきゃいいでしょ。

要は、「私なんか……」って言っちゃおしまいよ。

女が使っちゃいけない言葉は、「私なんか……」って言葉。これは絶対ダメ。

「私なんか……」なんて言ったら、相手にされないからね。勇気も元気もやる気もない女だと思われて、みんなにそっぽ向かれる。

「私なんか……」は禁句よ。

男社会を生きる女が知っておくこと

「俺は聞いてない」って言う男は嫌い。「俺が一番偉い」って心の中で思ってる

男で一番嫌なのはさぁ、偉そうなこと言う人。これが一番嫌われるよ。「俺は聞いてない」って、男の人はよく言うでしょ。息子だってそう。最近じゃ私もよく言うね。物忘れがひどいから。今の私にゃ、軽く言ったら忘れるよ。しっかり言っても忘れるよ。

「俺は聞いてない」ってのは、「まずは俺に話を通せ」って意味と同じだよね。「一番偉いのは俺だ。その俺に話を通すのが筋だろ」みたいなつまらない発想よ。だから私は、**俺は聞いてないって言う男は一番嫌なのよ。**

わかりやすいのは役人。女の子なんかでも上から目線だもん。それも立場なん

だろうね。そうじゃなきゃ生きていかれない。だって、役所入っていつまでもペコペコしてたら出世できないでしょ。でも、議員には面従腹背でしょ。優秀な役人でも馬鹿な議員にペコペコしなきゃいけない。

だから私、役人に聞いてみたの。

「なんで、あんたよりも馬鹿で、チンピラみたいな議員に先生、先生とかって言うの？　どこが偉いの？」「いや、私たちが立候補したって票は取れません。先生方はあれだけの票を何千票も取ってくる。だから偉いんです」

なるほどと思ったね。役人はそういう教育されてる、もしくは、そういうふうに思い込んでる。つまりは心構えよ。初めからわかってんの。馬鹿だなと思いながら票が取れるから優秀だと思い込む。だから付き合える。「あんた何票取れるの」って聞かれたら、「取れません」と答えざるを得ない。そのへんで納得なり妥協してるのかもしれないね。

立場で人を値踏みしてると、立場で人から見限られるのよ

定年になったおじさんなんかでよくいるでしょ。大企業のそこそこ偉い立場にいた人が、会社を離れて肩書きを失った途端、周りから相手にされなくなるとか。**立場で人を値踏みしてると、立場で人から見限られたりするのよ。**立場が名誉になってる世界の残酷さよね。だから、議員なんて立場がなくなったらおしまい。サルは木から落ちてもサル。議員は選挙落ちたらタダの人。**立場がなくなったときにダメになっちゃうのが男社会。**

その点、女の人はそんなに立場や名誉を欲しがらない、男の人ほどには。女の夜明けを作ろうとやってきた人が、じゃ、私が総理大臣になろうか、ってわけでもないよね。野田聖子みたいな人もいるけど、めったにいない気がする。

私が参院選に出馬したのは、商人としてずっと活動してきて、この国に違和感を抱いたから。だったら政治家になって商店街の代表として発言しよう。そう思い立ったのが理由。

立候補してみて、結果はダメだったけれども、今になってみると、政界に入ったとしても、丁稚見習いを何年もやらないと発言の場がないことに気がついた。男女の差は関係ないかもしれないけど、それはなかなかね。

ウチの店にしたって、「昨日今日やってきた一年坊主が生意気言ってんじゃない！」と怒られた。今でこそ、何年も町おこしをやってきたから発言も通るけど、若い頃はさんざんやられた。強引に言うからもっと叩かれた。そうやって男社会と張り合って、ここまで成長してきたと思うのよね、私は。

正しいことを言うとおかしなヤツだと言われるから、誰も波を起こさない

若い時は、正義が通らない壁にもぶつかった。

昔、商連（商店連合会）で不正を見つけた事務員が、私に泣きついてきたことがある。弁護士に頼んで調べたら、案の定、旦那衆の一人が使い込みしてることがわかった。私は弁護士と書類をまとめて区に提出しに行った。でも、不問に付さ

れた。関係者がみんなグルになったのよ。あんな悔しいことはなかったね。

不正があった時、みんな責任取りたくない、傷つきたくない。だから、不正を不問に付して仲良しクラブ。そういうことを男の人たちは平気でやる。**正しいことを言うとおかしなヤツだと言われるから、誰も波を起こさない。**

正しくやらなくていいっていう間違ったルールがまかり通ってる。町の組合だけにとどまらず、日本中の組織に蔓延してきた悪しきルール。

ただ、こっちが何かを成し遂げた時は向こうも引くわけよ。で、壁に穴が開く。

難題を一つこなすのよ。
そしたら、次の扉が開けられるよ、ちゃんと

立場で人は決まるでしょ。私が天下国家を語ったって誰も相手にしないでしょ。たとえば、政治家だってオールマイティーじゃない。しょっちゅう担当部署は変わる。専門家でもないから、役人の言いなりになっちゃう。

じゃあ、自分が専門家じゃなければ勉強して、その分野で専門的に強くなる。そういうふうになっていかないと壁に穴は開けられない。**自分のいる立場や領域**

でどうやるかが、扉を開ける鍵になるのよ。

「なんでもいいから、『これを私がやった』っていう実績を残せ」「自分が町や人の役に立ってるっていう、一過性じゃないものを何か一つやれ」

私はいつもそう言ってるの。「あの人はこれをやってくれた」っていう何かを一つ残せば、後は次々できるようになるから。

難題を一つこなすのよ。そしたら、次の扉が開けられるよ、ちゃんと。

いちいち会議して、いちいちハンコ押して、あっという間に時間切れだってての

男の人は会議が好きだよね。なんでもかんでもすぐ「会議しましょう」って、何よアレ。

コロナの支援で、行政から五〇万円くらいの補助金が商店街に来た時もそう。「通り会で会議した後に、各店で受給しましょう」とか言う人もいるわけよ。**いちいち会議して、いちいちハンコ押して、あっという間に時間切れだってての。**

私は反対よ。どんどん進めろと言いたい。自分一人で決められなきゃリーダーじゃない。男の人は意外と一人で決断できない。すぐ相談したがる。

逆に、女の人は相談しなきゃいけないことを忘れて突っ走っちゃうところがあるよね、よくも悪くも。私もそういうことがたくさんあった。相談すら忘れて、突っ走って、後でやられて、「あっ、しまった」となる。

男の人の特徴は、なんでも仲良し集団を作って会議したがること。「俺は一匹狼だ、一匹狼だ」って、歳とっても言ってる人は少ないでしょ。俺は一匹狼だって言ってる人に限って、すぐに群れたがる。

本物の一匹狼は、自分のことを一匹狼だなんて、めったやたらに言わないよ。

行き詰まったら、憧れの人を真似てみてよ

「まねる、まねぶ、まなぶ」

誰でもそうだと思うけど、特に若いうちは自分が憧れる人の真似をするよね。格好から仕草からいろいろと。憧れる人を真似て、教わって、その人から学ぶ。**学校や本よりも、人から学ぶことのほうが圧倒的に自分の血肉になるの。**

「どんな女の人に憧れますか？」って聞かれたら、自分にないものを持ってるような人と答えるね。憧れたのは、やっぱ今半さん（すき焼き浅草今半の女将・故高岡恵美子さん）よ。今半さんは礼儀作法なんかに厳しくて、私は随分教わった。「おトイレ入る時は、スカートを金隠しの前にこうやってするのよ」とか、礼儀作法を日本女子大の特待生から手取り足取り教えてもらったのよ。

なんたって、私は下町の乱暴なきかん坊。女性らしい作法なんて縁もゆかりもなかったからね。

ガキ大将気質でいつも先頭切ってる私でも、今半さんには憧れてた。だから、「会長！」って、後ろをくっついていった。

今半さんが五〇ちょっとで亡くなった時は、ほんと悲しくてさ。旦那が死んだ時より泣いたわよ。「女のくせに、女だてらに」とか、散々いじめられてた頃から、二人して命がけでおかみさん会やってきたんだもん。

あの人とは相性がぴったりよくてさ。華があって一流好みで、仕事もできるいい女だったね。ほんと、今半さんからはいろいろ教わって、学んだわよ。

私みたいになりたいって人も、ごくたまにいるんだけど、私のダメな部分はね、「真似しちゃダメよ」って釘刺してる。

私のいいところと自分の個性を合わせりゃいいのよ。そうやって自分を作っていくのがベストなの。強い私を見習うなら見習って、後は自分のよさをミックス

できればいいんじゃない。

「まねる、まねぶ、まなぶ」と言った人がいる。初めは自分がいいと思うものを「まねる」。次に真似てできた殻を破る。それが「まねぶ」。そして殻を破り、自分自身の道を歩き出す。それが「まなぶ」。

憧れる人を真似て、相手と自分のよさを混ぜ合わせ、自分らしい生き方を見つけて人生を歩き始める。人から学ぶっていうのは、そういうことよ。

その場でイエス、ノーが言える人を目指しなさい

男の人で憧れたのは、文明堂の番頭（営業部長）だった宮本さんだね。彼には商売の仕方とか凄く教わった。口は乱暴。でも真剣に細かく教えてくれた。

「今日は俺のおごりだよ。勘定払わなかったら無銭飲食だ」とか、大きな取引先の社長にも平気で言っちゃう。

他にもたとえば、各会社の代表が出てくる会合がある。部長やら課長やら会社の代表者が集まる場で、イエス、ノーが言えないヤツがいると、

「帰れ。ここに出てきたのはみんな代表なんだ。その場でイエス、ノーが言えないなら帰れ」って追い出しちゃう。

言葉は荒くても、話の筋が通ってるから誰も言い返せない。相手を逃げられなくするけど、自分はハナっから逃げ道捨てて、勝負に出てんのよ。

こういう男の人はカッコいい。掛け合いのツボなんか見事だもん。宮本さんから学んだことは多かったね。

おかみさん会に入る条件は、**「その場でイエス、ノーが言えること。家に帰って相談しますはダメ。その場でイエス、ノーが言える人じゃなきゃお断り」**。

家に帰って相談すりゃ、だいたいダメになんのよ。だって旦那が反対するんだから。昔と今では時代が違うけど、女性として独立独歩でやりたい人は、そうでしょ、家に帰って相談なんてしないでしょ。そんなの当たり前の話よ。

いい男、いい女のど真ん中

いい男って、心意気のいい人。心のいい人よ

いい男ってさ、形で表してるよね。上野の渡部（平八郎）のおじちゃんとか。「浅草の女だろ、頑張れ」って言うだけだったら、誰でも言える。でも渡部のおじちゃんはポンと一〇〇万円貸してくれたじゃない。お金返した時にはポンと一〇〇万円のご祝儀くれて、ありがとうを形で表したでしょ。口だけだったら馬鹿でも言えるじゃない。**別にお金じゃなくてもいいのよ。ありがとうを何かしらの形で表せたら、その人はいい男よ。**

「おかみさんの男性観とは、どんなものでしょう？」って聞かれたってさ、そんなもん二つしかない。「とても好きな人」と「とてもダメな人」。いいか悪いか、どっちかだよ。真ん中ないよ。

好きな人は、やっぱり心意気のいい人。頭のいい悪いじゃないよ、**心のいい人**よ。逆にダメなのはウジウジ野郎だよ。何かといえばすぐに「帰って上司に……」とかってさ、アレ最悪ね。イエス、ノーをはっきり言えって。

「コンプライアンスが」とか
「稟議にかけます」とか、ウジウジ男は大嫌い

「コンプライアンスが」とか「稟議にかけます」とかって、そういうウジウジ男は大嫌い。こういう男が増えたっていうのは、時代というか、オーナー社長が減ったせいもあるかもしれない。

私が本当に好きなのは、清濁併せ呑んだ心意気のいい人よ。いい男っていうのは、やっぱり心意気がいい。小佐野さんも中内さんも表に出ている話とは違って、心意気のいい男たちだった。あの人たちのエピソードはいろいろ出てくる。マニュアル人間ではないでしょ。中内さんも小佐野さんも。男意気なのよ、揉み手なんてしない。

「好奇心とチャレンジ精神と心意気」、いい男の三大要素

だからって、揉み手やマニュアルを全否定するってわけじゃないの。企業が成長するには、揉み手とマニュアルも必要な時がある。ただ、心意気とは別ってだけの話。

私と仲良かった経済評論家の針木康雄さんが、「中内は夢があっていい。是非紹介したい」って言ってたね。

中内さんは夢があったもん。「相撲なんか見たことあらへん」って言ってたのに、旭富士の後援会長を引き受けてくれた。そこよ、好奇心とチャレンジ精神。

男には好奇心とチャレンジ精神がなかったらおしまいよ。

好奇心とチャレンジ精神と心意気。私が好きないい男の三大要素。

女の私が言うのもなんだけど、外に女の一人や二人、女房に隠れて作れない男はペケ

「女の一人や二人いなきゃ、甲斐性がない」って昔は言ったじゃない。そりゃ、昔と今とじゃ世間の価値観も違うわよ。

でも、女の私が言うのもなんだけど、女の一人や二人、女房に隠れて作れない男はペケですよ。英雄色を好むからね。それでいいと思うの、私は。

昔のオーナー社長たちは女性関係も豪快だったし、なにせおもしろかったよ。浅草ROXがオープンして、五階に飲食店ができた頃、どの店も社長連中の二号さんたちがやってたんだから。「あそこは二号さんビルだ」なんて言われてたくらいだもん。ウチの店によく来る社長なんか、「女房に頼まれたことは全部忘れるけど、彼女に頼まれたことは全部覚えてる」とか、男の迷言を本気で言うもんね。もう笑えるよ。

今の男はだらしない、弱々しすぎる、ほんとに。女房に気ィ遣っちゃってさ、なんだって思うよ。だいたいさ、女道楽なんてのは放っときゃ治るのよ。いずれ体が使えなくなるんだから。

女の悪いところは、思い切れないところ

夫婦の悩み相談なんか、私んトコにはほとんど来ないよ。来たってしょうがないもん。「やめろ、やめろ、別れちゃえ」とかってすぐ言うから。夫婦の相談なんかに乗っても、相手は聞きゃしないって。

ついこの間も「別れる、別れる」って泣いてる子が来た。可哀想だから相談に乗って面倒見たりもした。だけど、よくよく聞いてみたら、DV（ドメスティック・バイオレンス）とかでマインドコントロールされてるのよ。男に殴られたら、その気になっちゃうって言うんだから。そういうのは放っておくしかない。いくらこっちが救いたくても、向こうは男のほうへ向いちゃってる。だから、自分で逃げてくるまで放ったらかすしかないんだね。

お金絡みもそう。「貸したお金返してくれない」とか文句言いながら、未練が出ちゃってる。そういうところは女なんだね。やっぱり女。思い切れないのよ。**女の悪いところは、思い切れないところ。ただ、立ち直りは早いけどね、女は。**

人間には止まり木が必要よ

ＤＶされてる子なんかも、きっと帰る場所がないんだよ。親が遠いところに住んでるとか、親に心配かけちゃダメだとか、そういう事情もあるのかもしれない。**人間には止まり木が必要なのよ。本当に困った時に心許せる相手。それが止まり木よ。友達であれ親兄弟であれ、男の人であれ、なんでもいいのね。**

止まり木がない人は可哀想だよ。私なんかは全部正直に言うけど、普通の人はなんでも開けっ広げには言わないでしょ。だからなおのこと、止まり木がなきゃダメだと思う。一人で抱えて悩んじゃって、心の病気になっちゃうわけよね。だったら、自分が折れちまう前に、思い切って誰かに寄りかからないと。

楽しい時は止まり木なんていらないでしょ。本当に困った時に、ああでもない、こうでもないって言える人が一人でも二人でもいれば、心は救われるのよ。

自分と他人の弱さを受け入れるべし

「釣り合わぬは不縁の基(もと)」

昔、仲見世のある商人の家に嫁さんが来た、サラリーマンの家庭から。しばらくしたら、嫁さんが不満を言い始めた。

「なんで、家で一緒にご飯食べないの」って。

三度の食事にしても、サラリーマンと商人の家庭では生活環境がまるで違う。今は時代が変わったし、夫婦共働きも多い。子供たちも部活や塾で忙しいから、家族別々に食事することも不思議じゃないけど、ごく一般的なサラリーマンの家庭なら、一家揃って食事するのが当たり前な時代だった。

だから、サラリーマンの家から商人の家に嫁に行ったら、「どうして一緒に食

事しないのか」ってトコから話が始まる。で、結局、家で一緒にご飯を食べる食べないで、夫婦に溝ができちゃった。そういう話。

「釣り合わぬは不縁の基」ってこと。環境が同じ人間どうしが一番いいのよ。

おんなじ環境で結婚するのが、お互い一番理解がある。だから、商人は商人どうしで結婚したほうがうまくいくのよ。

一番困っている人間の面倒を見る。それが義理人情ってもんじゃないかな

子供が店の中でいたずらすると、「そういうことしてると、店のお姉さんに叱られるよ」とかって言う親がいるでしょ。アレ、最低な教育。「商売の邪魔しちゃダメよ」って言うんじゃなくて、「ほら、店のお姉ちゃんが怒るからね」とか言う。店員が怒るからと言い訳して、自分が怒らない。親が子供にダメよって言わない。アレ、一番よくないね。

でも、私は教育の話には口を突っ込めない。自分が教育ダメだから。子供の面倒なんか見たことないんだから。周りに頼みっぱなし。そのせいか、息子の龍司

はやけに子供好き。ＰＴＡの会長やったりさ、反面教師よ。

子供をかまってやる時間はあまりなかったけど、育てるにあたっての方針みたいなものは、それなりにあったのよ。そういえば、こんなことがあった。

ウチの娘の浩子が小学校に通ってた時、同じクラスに朝鮮人の子がいた。みんながその子をいじめるわけだ。だから私は、浩子に「これだけは絶対守れ」ってことを教えた。「いいいね、あの人たちはなんにも悪いことしてないのにね、周りからはいろいろ言われる。けど、とんでもないことだよ。だから浩子、お前、親切にしてやんな」「人に意地悪しちゃいけないよ」

その子の家はお金がなくてね。修学旅行に行く時は、私が先生に黙って旅行代を払って送り出してた。夏休みに子供たちでどっかに遊びに行くでしょ。そういう時も私が黙ってお金出すわけよ。あの子の母親、今じゃおばあさんだけど、たまに通りで行き合うと、私に最敬礼してくれるね。

国籍が違うとか貧乏だとか、そんな理由で人を口汚く言ったり、色眼鏡で見る連中が世の中にはいる。だけど、差別ってのは、罪のない人に罪を背負わせるようなことだからね。それはやっちゃいけないよ、人として。

教育方針ってほど大層なもんじゃないけど、「人には親切にしな、困った人は助けな」、そういう義理人情だけは子供たちにしっかりと教えた。

困っている人間の面倒を見る。それが義理人情ってもんじゃないの。私はそう思うよ。江戸の長屋もみんなそうでしょ、時代劇チャンネル観ればわかるでしょ。みんな義理人情の世界じゃない、全部。

人間、自分の弱さを知るってことは大事だよ

ハタから見れば、私は最高の人生を送ってるでしょ、普通の女性の〇〇倍ぐらいいい人生を。言いたいこと言って、したいことして、イベント事業だってして、遊びもできて、家族もみんなグレてない。兄弟も人がいいし、兄弟喧嘩はするけど、全然仲いいからね。親戚もみんないい人間ばっかりだし。親にも恵まれてた。そりゃもう、母親が偉い、母親が。

ただ一つだけね、どうしても降ろせない、重たい荷物を私は背負ってる。娘の浩子のことよ。浩子は若いうちに亡くなってるから……。「私があんなに負担かけたからなのかな」とかね、「なんで先に死んだか……」って、「なんで私が先に……」ってさ。「もうちょっとアレしときゃよかったかな」とか、「うーん、どうすれば……」とかって、ずっと思うわよね。そう思うでしょ、親なら。そうなのよね。凄く心に負担よ、私の。

そりゃもう、逆は絶対ダメ、絶対ダメよ。「私が死んで、あの子が生きてたほうがウチはずっとうまくいった……」とかさ。私に限らず、先に子供を亡くした親ならみんなそう思ってるはずよ。

「(孫の)桃子が結婚して、子供産むまで頑張るよ」。仏様に手を合わせりゃ、毎日のように浩子に話しかけてる。

だから、娘を亡くしたことは、自分の人生の極みだよね。反省しようもないしさ、反省したって帰ってこないしさ。

「歳をとると、細かな神経が自然と出てくる」って言ったけど、それはたぶん、私が娘との別れを経験して、人の痛みに寄り添えるようになったからだと思う。人生の重たい荷物を背負ってみないと、人は優しくはなれないのかもしれない。

人間、自分の弱さを知るってことは大事だよ。

私は娘の浩子に感謝してる。親の私に「気づき」を与えてくれたんだから。

環境は自分を訓練する場になるのよ②

私は、子供の頃から訓練されてたの。なんたって、父親の弟（叔父）は二号さんの子だもん。文久のおじいさんが、お勝手のおばちゃんに手をつけて子供を産ませた。そしたら、慶応元年のおばあさんが「お勝手で働いてもらってるんだし、いっそウチに入ってもらえばいいよ」って、その子供をウチで引き取って実子にしてんだから。そもそも、ウチの家庭がそういう家庭だったの。

考え方次第だけど、どんな環境であれ、自分を訓練する場になるのよ。

それにしても、慶応元年のおばあさんは偉かったね。昔は、東京の下町でも子供がたくさん生まれると、里子に出されたりしたでしょ。すると、おばあさんが「子供はお宝だよ」と言って、しばらく預かったりしてた。そういうおばあさんだったの。で、文久のおじいさんは蠣殻町（かきがらちょう）の米相場師で一夜大尽、一夜乞食の完全な博打打ちでしょ。弥勒菩薩と博打打ちの夫婦みたいなもんよ。

第7章
どん底
だって仏は
いるから
生きのび方の
凄知恵
この世に生を
享けたかぎり、
誰にも人生の
「役目」がある

何もなかったら、乱を起こしてかき回せ

人を繋ぐのは敏感な感性

オンラインの公開会議っていうのに出たのよ。一つのテーマについて会議するんだけど、ふと気がついたら、出席者全員の質問に私が答えてんの。人生相談みたいになっちゃって。こういう類いの話は多いよ、私には。

この時の会議のテーマは「人を繋ぐ」。司会者から「人を繋ぐのに大事なものは何か?」って質問されて、私は「**敏感な感性**」って答えたの。

私ってさ、こっちのこと考えてても、いきなりあっちのこと思い出したりするのね。でも、こういう感覚って大事だと思う。周りからは「おかみは落ち着きがない」とかよく言われるけど、私は頭ん中が忙しい、感性が敏感なのよ。

感性ってことで言えば、実は最近失敗したの。自分にはまだまだ敏感な感性が足りないなって、反省する出来事があったのよ。

付き合いのある会社が、何億もの大金を事業に注ぎ込んだ。コロナの影響で経営も大変。そんな話を聞いて、久しぶりにその会社の社長さんに電話してみた。「社長の会社も大変ですね」「まあね」と、そこまではよかった。問題はその後。「じゃあ、持続化給付金の二〇〇万円もらったんですか？」って私が聞いたら、「おかみ、二〇〇万の給付金もらうための書類なんか書いてる暇ないよ」って言われちゃった。電話口で苦笑してる社長の姿が声から伝わってきた。

もう、えらい恥かいちゃったよ。だって会社の規模が違うだろうと。そういうことがまだ読み切れないの。何十億規模の会社の社長に対して、たった二〇〇万円の質問してんだもん。失礼な質問したわけよ。それで凄く反省してんの、今。偉い人と口きくわけだから、私としては気を遣ってるのに、つまんないこと言っちゃう。まだそんなことも読めないのかと。なんて甘いんだと。

会話の感性が足りないのね。**敏感な感性が足りない**。まだまだ修行がたんない。

ほんと恥ずかしい。もう、この次は失礼なことはやらない。

この歳になっても、まだまだ反省する。人生相談したいのは私のほうだよ。

道楽は人と人を繋ぐ接着剤になる

若い人もいろいろやってるんだよ。だけど、もう一歩突っ込めない。たとえば、映画作りたい、こういうことやってみたい、でもお金がない。そこで、もういっちょグッと突っ込めないんだね、みんな。どうしてなのかって考えると、**体に資本をかけてないんじゃないかな。**

人間はね、**味のある資本を体にかけなきゃダメよ。**学問だけじゃない。味のある資本っていうのは、趣味とか芸事とか、そこから人間関係ができるようなこと。ちょっと背伸びして、**何か道楽をするの**よ。道楽に払う月謝が人生では一番役に立つ。

道楽してると話題も豊富になるし、何よりも人間に艶が出る。人脈も広がる。仕事の場面とかで、道楽した経験が活きてくる。**道楽は人と人を繋ぐ接着剤にな**

る。道楽も人生の勉強よ。

何もなかったら、無理にでも話題をこさえて平地に乱を起こしてかき回せ

何か一つのものを自分で立ち上げるから、人との繋がりができていくのよ。立ち上げなかったら、新しい人とは繋がっていかない。

だから、まず柱を立てる。そこから繋がって、その後に別の柱を立てれば、また別の繋がりができるっていうね。

「何もなかったら、無理にでも話題をこさえて平地に乱を起こしてかき回せ」

今はコロナで静かな季節でしょ。そういう時はなんでも、うんとデカいのをぶち上げてさ。自分だけの道路を作っちゃうとか、嘘みたいなこと言ってかき回さないと、人は眠っちゃう。嘘でもいいから仕掛けないと、人は目を覚まさないよ。

何もなかったら、無理にでも話題をこさえて平地に乱を起こせ。乱を起こしてかき回せ。そうしないと、人は集まってこない。人と人は繋がらない。

人生には表と裏がある。清濁併せ呑まなきゃ

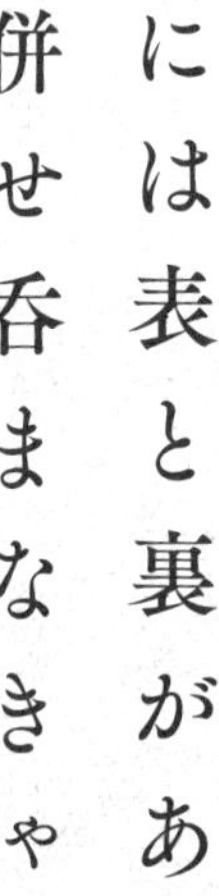

いい時は三年から五年で、一回は落ちる

　立場は人を作るっていうけど、一番わかるのは芸能人じゃない？　酒飲んで未成年に手ェ出したとか、ひき逃げしたとか、薬物やったとか。それで事務所辞めさせられて、マスコミに叩かれて、落ちていっちゃうのね。

立場で自惚(うぬぼ)れちゃうのよ、若い子は特にね。私だって講演会に呼ばれて超忙しい時、「先生、先生」なんて持ち上げられてさ。そういう時にみんな変わるの。

私は、一番いい時ほど気をつけようと思ってる。じゃなきゃ、足元すくわれる。**用心しろ、いい時ほど気をつけろ**。商売もおんなじよ。企業もそうじゃない？

自惚れてパアじゃない？　みんな、そうでしょ。いい時が永久に続くなんて絶対

にあり得ない、どんな人間でも。いい時は、一時なんだから。**いい時は三年から五年で、一回は落ちる。**インバウンドでワーワーっていい時があったけど、浅草もコロナで結局こうじゃない。いい時の先にはだいたい落とし穴があるから。これでまた一回整理されんのよ。私だって整理されるかもしれない。誰が生き残れるかよ。

いかがわしい人間が周りにいたほうがいい

誠実な人柄で仕事熱心。高い志がある。汚れたような感じは一切ない。だけど、今一歩のところで、さらに上へと突き抜けられない。そういう人っているよね。ある国会議員の先生が店に来てくれた時、私はこんなことを言ったの。

「先生、**ちょっといかがわしい人間を周りに置いたほうがいいですよ**」

別に詐欺師を秘書にしろとかってことじゃないの。いかがわしい人間っていうのは、世慣れた人間のこと。「**世間慣れした、いいブレーンを持て**」ってことよ。

人生には表と裏があるでしょ。誰だって多少は表と裏がある。私だって嘘もつくし。政治家なんか特にそうでしょ。清濁併せ呑まなきゃ、うまくいくわけない。やっぱり、裏の顔の人もいなきゃダメよ、ドブさらいするみたいな。

人生は綺麗事ばっかりじゃないんだから。汚れ仕事をする裏方の人間がいるから、表舞台に立つ人間は綺麗な姿のままでいられんのよ。

辻褄が合ったらいいのよ、人生は

人のスケール感も変わったよね。法律もやかましくなって、世の中をギューっとがんじがらめにしてるでしょ。アレやっちゃダメ、コレやっちゃダメってさ。これじゃ縮んじゃうよ、人間のスケールも。

スケールの大きい人とあまり出会わなくなったのは、大物創業社長が少なくなったせいもあるだろうね。大谷さんにせよ、中内さんにせよ、小佐野さんにしたって、みんなオーナー社長。魅力的なオーナー社長が最近はあまりいないね。

まあ、ユニクロとかもあるけど、世代が違うしさ。ホリエモンなんかどう?彼の本には、「稼いだ金は全部使っちゃう」とか書いてて、いいなって思うけど。

そういえば、ホリエモンって前に一回、刑務所に入ったよね。証券取引法違反って、よくわかんないけど、詐欺みたいなもんなの？

でも、詐欺は罪軽いもんね。私たちなんかが一億以上取られても、訴えたって結局ダメだもん。でも、騙されても月謝払ったと思わないと。騙されるのも月謝。**辻褄が合ったらいいのよ、人生は。**しょうがないじゃない、そんな細かく考えたって。今が大事よ。今をよく生きることに専念する。それが一番。

馬鹿な噂の出所は、だいたい近くにいる人よ

浅草に大衆劇場を作ろうっていうのが、今の私の旗印。なんか旗印をこさえないとさ、ダメなのよ、私は。常に旗揚げてないとね。平地に乱がない時は乱を起こして、旗揚げて。もう戦の連続だよ、女の戦だけど。

戦といえば、私驚いちゃってさ。少し前に、役者の竜小太郎さんと電話で喋った。

「いよいよできるよ、劇場が」って話したら、「おかみさん、浅草歌舞伎はやるんですか？」って小太郎さんが聞いてきた。「やらないのよ」って私は答えた。するると、向こうがこんなこと言うのよ。「おかみさん会が歌舞伎から手ェ引いたって聞いたんですけど……」「えっ⁉　なんの話！」って聞き返しちゃった。

こっちは手を引くどころか、やりたくてしょうがないのよ。だけど、「世間はね、おかみさん。おかみさん会が手ェ引いたからできないって話になってんです」って小太郎さんが言うわけ。だからもう凄いのよ。こんなこと言われるなんて夢にも思わなかったことを言われちゃう。

「小太郎さんね、コロナのことがあるでしょ。松竹は楽屋が三密でダメだから、やらないってことなのよ」。私がそう説明しても、「そうでしょう。僕もそう思ってたんですけど、世間は違うんですよ」って小太郎さんはまだ気にしてる。

それで、すぐに松竹の支配人に電話して、一連の話をしたら、向こうは「えっ⁉　なんですか、それ⁉」ってなもんよ。

馬鹿な噂の出所は、だいたい近くにいる人。離れてる人には評判いいの、私は。一般的にそうでしょ。一番仲がよかったと思ってた人が実は……、ってことあるよね。**一番近くにいて、一番尽くして、一番信頼してた人にやられる**。でも、そういうこと重く考えてたら、人との付き合いはできないからね、問題はそこよ。

元がなきゃ何もできない。先に元を作って、いいとか悪いとかって話はそれから

いよいよ劇場を作るよ。場所も確保したし、見積もりも出た。竜小太郎さんも来た。機材のことも打ち合わせた。ようやく動き出したのよ。客席は一〇〇～一五〇くらいかな。劇場としては小さいよ。だけど、そういうことはいいの。どうでもいいのよ、作ってから考える。

とにかく、先に元を作っちゃわなきゃダメよ。**元がなきゃ何もできないんだもん。いいとか悪いとかって話はそれから。**

今回もさ、小太郎さんと松竹の支配人と私の三人で決めてるの。**いちいち会議やってさ、朝礼朝改、朝令暮改じゃや、いつまでも進まない**。だって、こっちがお金出して、集めるの。お金出す人に一番発言権があるんだから。それがわかんない人たちがほんと多いよね。

「今は時期ではありません」って言っちゃ、おしまいよ

一一月の初めに、「五〇〇〇円の年越し蕎麦を五個頼みたい」って言ってきたお客様がいたの。時期としてはちょっと早い。でも、結局買ってくださるんだから、その時に儲けのお金なんて考えたってしょうがないじゃない。

ところが、蕎麦の下に敷くすだれを取り寄せようとしたらさ、在庫が少ないから一〇〇〇円くらいするっていうのよ。普段なら、一〇〇円くらいなんだけど。「だからいいって、そんなの。儲けのお金はいいよ。いいから用意しな」。これが私の判断。だけど、「今は時期ではありません。一〇〇円のものは、あくまでも一〇〇円です」。そういう判断をする人もいる。

そりゃそうだな、とは思う。確かに、暮れの蕎麦の売り上げからしたら少ない金額かもしれない。一〇〇円のすだれに一〇〇〇円かけたら儲けは減る。

だけど、**「今は時期ではありません」って言っちゃ、おしまいよ**。「儲からないから」って、それを言っちゃ、おしまいよ。寅さんもそう言ってるでしょ。

損して得取れ。計算じゃない計算ができないとね

損して得取れ。計算じゃない計算ができないと商人じゃない。数字が読めても、心が読めなきゃ商人じゃない。

「儲けのお金はいいからさ、今すぐ注文お受けして」

こういう判断は大企業ではできない。だけど零細企業ではできる。大企業だったら上へ回すでしょ。「これは部長いいでしょうか」って、そうなっちゃう。

私たち零細企業が生きていけるのは、そこにマニュアルがないからなのよ。

その時々でお客様一人ひとりが何を求めているのか。お客様の気持ちに臨機応変に合わせられるのが町の商売人の強み。時期も稟議もない。そこがいいのよ。

私たちにマニュアルなんてないけど、サービスだってチェーン店より感じがいいと思うし、マニュアル以上のことをしてると思うよ。

たとえば、ウチなんか頂き物がいっぱいある。私はもちろん、従業員たちも率先してお客様に出してる。デザートとかで。

別にケチってるわけじゃないのよ。もともと、私は頂いたものを店の者や、周りの人にあげちゃったりしてた。

でもある時、小柳さん（老舗の鰻料理店「小柳」の女将・田熊富子さん）から、「照子さん、ウチじゃ、頂き物をお客様に出してんのよ」って言われて、「ああそうか、頂き物のお菓子でもサービスにすればいいんだ」って気づいた。

そういうちっちゃいもんでも、お客様は凄く喜んでくれるのよ。

マニュアルにもメニューにもない、そういうサービスが町の商売人にはできる。

「心」でおもてなしができるのよ。

仕事は自分でこさえる

以前、榮太樓さん（日本橋の老舗和菓子屋・榮太樓總本鋪）の社長の講演会を聞きに行った時のことよ。参加者の一人が、社長にこんな質問をした。

「のれんとはなんですか？」

商人といっても、大店（おおだな）と小店（こみせ）は違う。榮太樓さんは我々から見れば大店よ。社長は「のれんとは常にイノベーションです」って答えてらした。私はイノベーションの意味がわからなくてさ。家に帰って辞書を引いたら、「改める、新しい」と書いてある。

なるほどと思ったよ。のれんというのは常に改革だと。正直な商売は変えないけども、時代の変化に合わせながら、商売のやり方や考え方は新しいものに変えていく。それがのれんを生きながらえさせることなんだと。まさに、三歩歩いて二歩下がるだよね。

コロナの感染者が増えたりすれば、浅草も人出がガタッと減る。でも、そういう時こそ、自分でいろいろ考えて、宴会やライブイベントをこさえて人を呼ぶ。商人なのに「興行師」になるのよ。平地に乱を起こすじゃないけどね。

自分で仕掛けて、自分で客を呼ぶ。商人なのに興行師。

今のような時代はそうしないと座して死を待つだけ。仕事は自分でこさえる。でもって、日頃から人づきあいを大事にしないと仕事をこさえられない。

頭じゃなくて、肌でわかるかを大切に

一人で抱え込んだりとかしない。なんでも喋っちゃう。そっちのほうが得よ

「おかみさんも行き詰まったりするんですか?」って、何言ってんのよ。私だって行き詰まったことあるわよ。

若い時、旦那が家出てって、外で借金作ってさ。東京駅のコインロッカーの中に借用書の束が置いてあった話したでしょ。体が震えたわよ。弟たちや税理士さんと相談して、なんとかやってこれたけど。

相談できる相手がいないと、一人で抱え込んじゃうでしょ。

芸能人とか政治家はさ、一見華やかだけど、結構孤独だったりもするみたいだし。だから宗教や占いなんかに、すがっちゃったりもするんだよね。

私なんか、**一人で抱え込んじゃったりとかしない。なんでも喋っちゃう。そっちのほうが得。**喋りすぎて失敗することもあるけど、そっちのほうが好き。

私たちの年代は戦争を生き抜いてきてるからさ、はしっこさは持ってるわけ。目端を利かせて生きてくためのはしっこさをね。そういうのも大事だよ。

人の面倒見ていちいち覚えてたら、心の病になっちゃうよ

「ありがとうございます」の一言すら言わない人も増えちゃったね。面倒見てもらって当たり前みたいな図々しいのも多い。そういう人いっぱいいるけど、私なんか、みんな忘れてるもん。

人の面倒見ていちいち覚えてたら、心の病になっちゃうよ。「面倒見たのに、あの野郎、ふざけんな」とか思ってたら、おかしくなっちゃう。だから、すぐ忘れちゃう。

私は最初に言うの。「これだけはしてください」って。たとえば、就職の面倒見ても、何もないいんじゃ困っちゃう。

私の口利きで就職できた子に、こう言ったのよ。

「窓口になってくれた人に、盆暮れの届け物を二年は贈りなさい」と。

そうすれば、相手は「あの子か、まだ頑張ってるな」と気にかけてくれるだろうし、うまくいけば出世もできる。ただし、「盆暮れの届け物はウチのうどんを二年間は買ってよね」と付け加えておく。

こっちにも少しはメリットあるように仕向けるわけ。水の向け方とか、どのタイミングでどんなふうに相手に言うとか、そういうのは世馴れてるよ、私は。だって、人間が小ずるくなってきたから（笑）。

体でわかったって、肌でわかんないとダメ

孫の健太を銀行デビューさせようと思ってるの。若い銀行員にお寿司をごちそうする時、健太も同席させようというわけ。私が先に帰って、後は二人でよろしくって感じでね。そういうのは少しずつ教えていかなきゃしょうがない。

ついこの間も、息子夫婦に大口の取引の立ち会いをさせた。千万単位の注文よ。

経理の三舩さんから店の財政状況を事前に説明してもらって、注文をくれた会社の社長と面会する。そこで私が、

「あのう社長、ウチも今お金がピンチなんで、支払い分はちょっと前金で頂けたら……」って切り出し、「いいですよ」って社長が答えてくれる。

「では、振り込みはいつにお願いしましょうか」って、今度は経理の三舩さんが繋げて、「できたら給料日前に頂けると……」って私が社長にお願いし、「いいですよ」って社長に了承していただく。

そういう交渉事の流れ、掛け合いの様子を、息子の龍司とあっちゃん（敦子さん）夫婦がずっと見てた。私の体を使って、子供たちに商売の仕方を肌で覚えさせようとしてる。

体でわかったって、肌でわかんないとダメなのよ。ずっとやってきたことを肌でわかってないと、商売は覚えられない、できない。

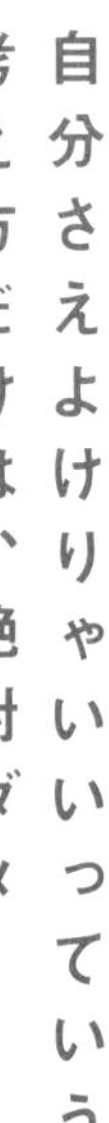

自分さえよけりゃいいっていう考え方だけは、絶対ダメ

これから私がすべきは、町への貢献。

浅草がよくならなきゃ自分がよくならない。

独り占めはしないこと。自分の店だけ繁盛して周りが潰れたら、いずれ自分の店もダメになる。

自分さえよけりゃいいって考え方だけは、絶対ダメ。これだけは絶対基本。

私の母親はすごく気前がよかった。そのDNAを引き継いだ私もおんなじ。とにかく人に何かあげたいっていう性格だから、誰か来れば、なんでもあげちゃう。

私の夢は、一ヵ月で一〇〇万円のご祝儀を配ること。

これが、ホントに最後の夢だよ。でも、今はちょっと厳しいから、細かなお金をあっちこっちで使ってるんだけどね。

そんな私の様子を見てた、タウンハウジングという不動産会社の新田社長（タウングループ代表・新田泉さん）が、驚くような金額の注文をくれた。日頃の「細かいお金は使う」精神が、ピンチをチャンスに変えてくれたのよ。

やっぱり、相性が合いそうな人は匂いでわかるね。もう何十年も商売してるから感覚が働くわけ。社長さんが何度か店に来てくれるうちに、私のセンサーがピピピッって反応して、顎引いてみようかなって気持ちになったもん。

「ウチが苦しい時に大きな注文を頂きまして、おかげさまで従業員の給料も出すことができました。ほんと、助かりました」

こういう商売のやり方をね、子供やお嫁さんや孫に伝えたい。できるだけ私の側につけて、一緒に話し合って覚えさせる後継者作り。これからの私の役目だね。

いいことしてりゃ、地獄に仏だよ

いいことしてりゃ、地獄に仏だよ

私は毎月のように温泉に行ってるの。だけど、自分が楽しむだけじゃなくて、義理を返すための旅行ってのもある。損得勘定は抜きに、義理人情を重んじていると、時として思いがけないご褒美を頂けることがあるのよ。

振袖さんの営業で行った鬼怒川の旅館（ものぐさの宿 花千郷）のおかみさんから、物凄くいい大島の着物を頂いた。なんか悪いなぁって思って、それからは毎月のように鬼怒川に出かけてた。

そしたら、コロナの時、その旅館の売店でウチのお菓子を販売してくれて、凄く助かったの。

ところがよ、そこの旅館は東武トラベルと取引がなかった。驚くほどいい料理出してくれるんだけど、老舗じゃないから、入り込めなかったんだね。鬼怒川と言ったら東武の牙城よ。そこで、私が取引できるように東武と話を繋げた。だから今、向こうは凄く感謝してくれてる。すべてがうまく転がった。

こういうのが、計算じゃない計算って言うんだよね。

コロナで浅草に人が来なくなった時、私も一瞬引っ込んだけど、一生懸命考えて行動してたら、自分が救われ、他人も救われた。

だからさ、**人間、多少ずるくはなっても、正直であることよ。**正直な商売をする。義理を大切にする。そういうことを続けてたら、金策で頭痛めてる時に、ドーンと六五〇〇個のお歳暮の大量注文が来たこともあったんだから。まさに地獄に仏だね。

いいことしてりゃ、地獄で仏に出会えるわけよ。

やるだけやってみるまで、先は見えない。

「おかみさんの座右の銘はなんですか？」って、急に言われてもアレだけど、まあ、強いて言えば、「元気で一生働け」っていうことかな。働いて、働いて、毎日。やっぱり、人生、死ぬまで働かなきゃダメだよ。

座右の銘なんてもんは特にないけどさ、やっぱり「義理と人情と心意気」だね。まあ、私も人生の終着駅が近いからさ。絶対今、人生手仕舞いだもん。でも、先は見えないよ。**やるだけやってみるまで、先は見えない。**

苦労して初めてわかるのよ。
苦労じゃなかったってことが

自分の人生のけじめは、町作りと後継者作り。それだけよ。もう終わりが見えてて、全部は無理だから。このことはこの人にって、そんなふうにしてやっていきたいの。若者でも誰でもいい、それぞれの力を活かして。

充実した人生を送りたい。誰でもそう思うよね。そういう人生にするためには、やっぱりね、大きな心を持つことよ。懐深く、ぐっと。懐深くしなきゃ。

気が小さい人は細かなことまで気にするでしょ。あまり気にしないこと。よく、「あ〜、なんとかなるよ」って言ってる女がいるじゃない。そういう調子でいきゃいいのよ、若いうちは。

七転び八起きだからなんとかなる。転んだらまた起きりゃあいい。それをウジウジするからおかしくなっちゃう。他人のせいにしたりしてさ。

自分が悪いんだと思えばいいんだよ。転んだ時は、「ああ自分が悪い、申し訳ない」って、簡単に。そう思えないと人生終わっちゃうよ。

失敗したら、「しょうがないよ」って。「私が悪いんだよ」って思えなきゃ、自分が悪くなくても。簡単に思って、簡単に忘れる。それがコツよ。

この前も、ウジウジ言う若い人に文句言ってやったの。「なんであんた、いつもウジウジ屁理屈言うのよ。そういう言い方するから、年寄りから嫌われるんだよ。あんたが注意されたら、あんたのやり方が悪い。そう思いなさいよ」。

するとと若い人から、「年寄りは遠慮してくださ い」なんて言われちゃった。

「若い頃に散々苦労して、歳とって、やっと楽しくなったわ」って言う人が、世の中にはいっぱいいると思う。だけど、私はなんの苦労もしてない。

「おかみさんも苦労してるでしょ」とかって他人は言うけど、あれもこれもが私のためによかったんだから。

苦労して初めてわかるのよ。苦労じゃなかったってことが。

すべてが自分のために役立ってんの。だから私、全然、苦労したことない。

おわりに

ガラスの棺桶作って置いとけ

まあ、私にしてみれば、人生そこそこね。戦争中は別だけど。そこそこ楽しくって、そこそこ友達もいて、商売も社会貢献もそこそこ。これが私の終着駅ね。「意外と謙虚ですね」って？　そうよ、世間が思うよりも謙虚な納めよ。

私、死んだらね、紙一枚の挨拶にしようかと思ってんの。ただ、できたら、オータニさんなんかで派手にお別れ会とかやってほしい。芸能人みたいにさ。振袖さんたちとか呼んで、立食式のパーティー。みんな舞台でジャンジャン騒げばいいじゃない。私が死ねば、どうせ新聞には小さく記事が出るんだろうから。

線香だってあげなくていい、花もつけなくていい。祭壇もいらない。
ただ一つ、「ガラスの棺桶作って置いとけ」って言ってるのよ。
ガラスの棺桶に亡骸を氷漬けにして、手を前に出して、「はい、お金頂戴」とかやってんの。ガラスの目ん玉入れて、参列者を見てんの。誰が香典持ってくるかって。スピーカーから声がして、「みんなよく来てくれたわね」とか「香典いくら？」とかって喋ってんの、私が。あわてる人もいるだろうねえ、香典が少ないと（笑）。

えっ、「よくそういうこと考えられますね」って？　だってあんた、この歳、八四で死ねたらおめでたいからね。「慕ってる人は悲しみますよ」って？　何言ってんのよ、悲しまないよ誰も。「ババア、よく死んだ」って褒めてくれるよ。

戒名もいらないね。「浅草のおかみさん」が戒名でいいよ。来世に想いを馳せることなんて、なんにもない。「はい、それまでよ」って。

よくインタビューで、「生まれ変わったら何になりたいですか？」って、あるじゃない？　生まれてこないから大丈夫だよ。

ただもし、生まれ変わったら、女のほうがいいね。今の時代、男が意気地なしだから。女のほうが得だよ。

確かに私の人生、女だから壁はたくさんあった。けど、できたことのほうがいっぱいあったし、女で得したよ。女は転んでもただ起きないもん。

なんて言いながら、生まれ変わるなら、男でも女でもどっちでもいいよ。ケースバイケースだよ、人生は。

人生って、置かれた立場をどううまく生きていくかよ。どう前向きに生きていくかよ。いい人生だったと自分で思えたら、たとえ肉体が消えたって、魂は、明るく楽しくのびのびと、宇宙を生きていくんじゃないの。そんな気がするね。

死んだ後の話をして舌が何枚あるのよって感じだけど、まだまだやるだけやってないのよ、私は。

借金もあるし、後継者問題もある。町おこしもそう。いろいろと義理もあるし、ひと月で一〇〇万円のご祝儀出すっていう夢もあるし、やることいっぱいあるのよ。

だから私は、自分が立てた旗をまだ下ろすつもりは、ない。

たとえ小さな恩返しでも、形にして返してゆく

八〇年以上、無我夢中で突っ走ってきたような人生。

途中で何度もつまずき、転び、倒れたことも数知れず。

それでもなんとか起き上がってこれたのは、多くの人たちの支えがあったからこそ。「人は一人では生きていけない」としみじみ思います。

今日の私があるのは、私と出会い、関わってくださった、すべての人たちのおかげです。とりわけ、大谷米一さんと中内切さんには一生分の感謝と言っていいほどの恩義があります。お二人に対し、今後も私の感謝の気持ちを何かしらの形にしていきたいと思っています。

私の本が、みなさまへの恩返しの一つになれたら幸いです。

「たとえ小さな恩返しでも、形にしながら返し続けてゆく」

この旗印を掲げながら、我が人生、まだまだ走り続けるつもりです。

令和三年立秋　　冨永照子

PROFILE

冨永照子

1937年東京浅草生まれ。浅草仲見世老舗四代目。一般社団法人ニッポンおかみさん会会長、協同組合浅草おかみさん会理事長、(株)菊水堂代表取締役社長、(株)浅草FURISODE girls代表取締役などを歴任。68年浅草おかみさん会発足、初代事務局長に就任、82年浅草おかみさん会二代目会長に就任。1960年代から、浅草復興のために尽力。「二階建てロンドンバス」の導入、「浅草サンバカーニバル」「浅草・ニューオリンズ・ジャズフェステバル」を毎年開催、浅草寺のライトアップ、つくばエクスプレスの誘致なども実現、浅草の活性化と町おこしに尽力。その活動は東京都の小学校社会科「わたしたちの東京都」(明治図書出版)にも掲載されている。現在も浅草の町づくりに対する活動・提言を積極的に行う。2015年には「下町人間庶民文化賞」(下町人間の会)受賞。著書に『おかみさんの経済学』(角川書店)がある。

構成　藤本友徳

イラスト　平松昭子
装丁・ブックデザイン　岩永香穂（MOAI）
DTP　有限会社マーリンクレイン
編集　藤明隆（TAC出版）
プロデューサー　猪野樹（TAC出版）

おかみの凄知恵（すごちえ）

生（い）きづらい世（よ）の中（なか）を駆（か）けるヒント

凄

2021年9月16日　初版第1刷発行

著　者	冨永照子
発行者	多田敏男
発行所	TAC株式会社 出版事業部（TAC出版） 〒101-8383 東京都千代田区神田三崎町3-2-18 電話 03（5276）9492（営業） FAX 03（5276）9674 https://shuppan.tac-school.co.jp
印　刷	株式会社光邦
製　本	株式会社常川製本

ISBN978-4-8132-9700-0
N.D.C.917